Georges-Arthur Goldschmidt

Ein Garten in Deutschland

Eine Erzählung

Aus dem Französischen übersetzt von
Eugen Helmlé

Ammann Verlag

Die Originalausgabe ist unter dem Titel
›Un jardin en Allemagne‹
in der Editions du Seuil, Paris, erschienen.

Erste Auflage 1988

ISBN 3-250-10118-4

Für den Wal natürlich,
aber auch für Günter Picker,
zur Erinnerung an damals

Alles über sich erzählen
und doch nichts verraten.

Peter Handke, *Die Geschichte des Bleistifts*

I

Im Winter stößt der Westwind gegen den Telegraphenhügel; die Böen schütteln die Schornsteinvorhänge, eine Planke stürzt um und knallt auf den Bürgersteig. Am dunklen Himmel laufen helle Wolken dahin: unwiederbringliche Meeresdüfte ziehen über Paris hinweg, Nachwehen des Kindheitswindes aus der Kieler Bucht. Es war, über Schleswig-Holstein, die noch ruhige Nacht von 1937, das stille Deutschland mit den fernen Geräuschen.

Am Radio näselte eine Stimme die Stürme herunter, die von der Ostküste her auf Hamburg zukamen: im Mondschein schlagen die glatten Wellen an den Strand, emporgehoben, aufgewirbelt; Buchen werden im Silber der Nacht zerzaust. Eine Wolke nähert sich dem Mond.

Wenn man am Fenster dem Knarren der Wagenräder lauschte, spürte man hinter sich die Masse des Hauses, die auf alle Räume drückte, während draußen die Bäume den Verlauf der Landstraße in der Nacht weiterführten.

Doch die Erinnerung ging auch zu anderen Jahreszeiten zurück. Im Sommerlicht rauschen die Bäume, Hitzefetzen schlagen einem ins Gesicht, die Fensterläden bleiben geschlossen wegen dem Schlaf des Kindes. Eine in die Helligkeit des Draußen geschnittene kubische Nacht. Das Kind erstickt, schlägt mit den Armen um sich in dem ins Licht ringsum eingelassenen Schwarz. Und seine über ihm stehende Mutter wartet, bis es einschläft: ein kastanienbrauner, abgestufter Körper: das okkerfarbene Kleid, eine Neigung wie die Flanke eines Berges, von wo aus der Kopf, umgekehrt, sich herabbeugt: die Augen schauen, verdreht.

Für die Kinder hatte man damals Möbel aus schwerem Holz, das mit mehreren Schichten weißer Farbe bedeckt war. Schläge und Fußtritte legten eine andere, hellere Oberfläche frei, die unter dem Fingernagel abplatzte: darunter öffneten sich, dunkel im Lack, kleine Möndchen. Man fuhr mit dem Finger unter die Farbplatte, und der Körper spannte sich, wenn man sachte den hartgewordenen Schorf an Knien oder Händen, mit spitzen Fingernägeln gehalten, abhob; das schnitt die Luft ab, benahm den Atem.

Und die Hand streicht über das Holz des Bettes, die Finger umschlingen die runden Pfosten, der Fingernagel bohrt sich ins Zahnfleisch. Er war nur noch eine lebendige Kugel, in der die Wut tobte: ein winziges Geräusch zerschnittenen Fleisches, man bäumte sich auf unter dem Schmerz mitten im Mund. Mit der anderen Hand kniff sich das Kind in den Schenkel, schnitt sich mit dem Fingernagel in die Haut, bis die Schmerzgrenze erreicht war, und das Kind war der gespannte Bogen zwischen den beiden Schmerzen. Es hatte einen leichten Geschmack nach Blut im Mund. Sogleich schossen die Tränen und unverzüglich lag die Stimme richtig: der meisterhaft geheuchelte Kummer.

»Ich weine, weil ich an die armen Gefangenen in den Gefängnissen denke.« Von einem anderen Blick gekommen – eine Backsteinwand hinter einem weißen Körper mit runden Schultern – sagte eine Stimme in ihm ganz laut: »Vielleicht peitscht man sie aus?«

Die getäuschte Mutter zog die dichten Vorhänge zurück, machte die Fenster auf und mit einem Schlag verwandelte sich der Raum, grell erhellte das Licht alles. Am unerwarteten Nachmittag ging man in den Garten hinunter. Hoch oben zitterten die Blätter unter dem Dahinziehen des Himmels und den schon längerwerdenden Schatten. Man brauchte sich nur umzudrehen und ließ damit ganze Landschaften verschwinden und wiederkommen.

Von Fenstern ausgehöhlt, dem Blick ausgesetzt, steht die Villa da von einem Ende zum andern. Hier wohnte man, ein großer, dreieckiger, grüngestrichener Giebel saß obendrauf. Vielleicht wäre er nicht mehr da, wenn man sich umdrehte: vielleicht bräuchte man nur jemand anderes zu sein. Im Innern rief nun eine Stimme, zog die Silben lang, hörte an einem Fenster auf, um an einem anderen weiterzurufen.

Als man ihn fragte, wo sein Vater wohne, gab er zur Antwort, er wisse es nicht. Er spaltete sich vor Scham: er hatte zwei zusammengefügte, einsgewordene Körper. Kurz darauf kam der Vater mit dem Herrn, der ihn gefragt hatte, wo er wohne, die Treppe herunter. Die Züge seines Gesichts brannten hohl, wie losgelöst. Der Vater wurde zu einem runden, im Treppenhaus oder mitten im Eßzimmer stehenden Körper.

Die grünen Streifen der Tapete verliefen senkrecht, unbeweglich, das »Eßzimmer« rückte zurecht, die wassergrünen Stühle, die olivgrünen Wände, das smaragdgrüne Tischtuch, alles ordnete sich auf einmal ein. Im Hintergrund wartet, mit beiden Beinen auf sich selber stehend, die zweistöckige Kredenz. Senkrecht der verglaste und innen mit grünen Vorhängen bespannte obere Teil; der Vater stand davor und goß sich zu trinken ein. Die beiden Fenster schnitten Gartenvierecke aus, ganz hinten kamen Leute und Gespanne vorbei und wußten nicht, daß sie betrachtet wurden. Die Autos wurden manchmal zu unerklärlichen Gegenständen; wuchtig und gedrungen fuhren sie hin und her, die viereckige Rückseite von einem kleinen, länglichen, schräg liegenden Fenster durchbrochen. Auf jeder Seite eilen die beiden gebogenen, auseinanderliegenden Kotflügel dahin, in entgegengesetzte Richtung gelenkt.

Es ist die gleiche Landschaft, die gleiche Landstraße; zwei junge Diener stehen hinter der Karosse nebeneinander auf den Trittbrettern, die Arme ausgestreckt und sich mit der Hand an den Griffen festhaltend. Dem Wind ausgesetzt, das Kreuz durchgedrückt, die Wagen gespannt, antworten sie, fügsam, perfekt, mit einem leichten Einknicken der Kniekehle auf die Stöße der Landstraße. Die Reise bringt sie fort, vor ihnen fahren die Passagiere unsichtbar unter diesem grauen Dach dahin. Man ist so etwas wie ein Teil der Karosse geworden: unbeweglich aber biegsam ist man unterwegs, ein sichtbarer Teil dieses Gefährts: mit ausgestreckten Armen, einem jeden zur Verfügung stehend. Bei jedem Halt ließ der Mannschaftsführer die Diener, wenn sie ausgerutscht waren oder die Türen zu spät geöffnet hatten, wieder hinten auf die Karosse steigen und nachdem er ihnen die Beinkleider heruntergezogen und ausreichenden Abstand genommen hatte, peitschte er sie aus, wobei er die lange Spitze der Kutscherpeitsche um ihre Hüften rollen ließ. Und er, der Junge, sah sich in feine Seide gekleidet und er zitterte bei diesem befremdlichen Bild: man knöpfte ihn auf, man bestrafte ihn.

Manchmal streckt der Sommerwind die Bäume und die Wipfel werden schmäler. Die weißen Stores flattern durch die geöffneten Fenster. Die Fensterflügel schlagen aneinander, im Innern des Hauses hallt das gedämpfte Schlagen der Türen wider. Im Eßzimmer, in dem sich niemand aufhielt, die sechs Stühle nebeneinander an der Wand, jeder auf sich selber hockend, von einer flachen Stuhllehne gekrönt, eine schmale, senkrechte Hand. Man stelle sich die Anstrengung der vier eigensinnigen, bescheidenen Stuhlbeine unter diesem Gewicht vor, das sie erdrücken würde; die Stühle würden bleiben, wie sie sind. Aufgestellt, würde man sich auf sein Gesicht setzen, wunderbar reglos, eingehüllt, erdrückt von warmer Schwere, er wäre nur noch Erwartung, man würde stundenlang darauf sitzenbleiben, man würde aufstehen, sich wieder hinsetzen. Das Gesicht brannte ihm. Es waren seine breiter gewordenen, verzerrten Züge auf dem Ledersitz; er war nichts anderes mehr als das, gefangen unter der Dichte des Fleisches, das er durch den Körper hindurch würde reden hören, ganz fern über ihm, verschmolzen mit diesem Gewicht, das auf ihm lasten würde. Vielleicht würde man ihn von Platz zu Platz tragen und in einer geschützten Wärme würde er Geräusche vernehmen.

Das Kinderzimmer war mit dem Elternschlafzimmer verbunden. Mit einer einzigen Handbewegung schloß man eine der Türen und öffnete die andere, stand nun in der Nacht. Man erschuf sich diese Nacht selber, eingezwängt in die Dunkelheit, eine kleingedrückte Nacht mit schmaler Finsternis. Mit einer Handbewegung ließ man sie verschwinden. Auf jeder Seite herrschte der Tag, aber verschieden von einem Zimmer zum andern, zum Kinderzimmer hin war Morgen, hochsonnig. Auf der anderen Seite blieb die Nacht wie Sonnenbräune in den nahen Bäumen hängen. Zwei verschiedene, umgedrehte Zeiten, die eine einzige Bewegung voneinander trennte.

An jenem Morgen nun lag vor den drei Spiegeln des Kleiderschranks aus Zitronenholz, sich auf die Ellbogen stützend und mit den Beinen strampelnd, ein sehr langer, weißer Körper auf dem Rücken, ein Körper, an dessen Ende sich, unverändert, sich selber gleich, das Gesicht seiner Mutter befand. Es war seine Mutter, auf etwas aufgepflanzt, das nicht sie selber war und das man nicht kannte. Vielleicht war sie zu einem jener Fabeltiere geworden, ein menschliches Gesicht auf einem Tierkörper.

Er hatte sie gesehen, aber noch nicht begriffen; sie war nackt: er wußte nicht, daß seine Mutter nackt sein konnte, daß sie soviel Körper besitzen konnte; seine Augen waren zur schwarzen Dichte des Zentrums gegangen: gelocktes Roßhaar. Sein

Rückgrat wurde hohl vor Ekel: man stieß ihn mit einem Balken in den Rücken, er rannte durch die Landschaft, Arme und Beine gegen den Balken gepreßt. Die Brücke des Admiralsschiffs, das war er: die Füße der Matrosen trampeln auf seiner Oberfläche herum: die Flagge wird gehißt, der Mast vibriert in seinem Schädel. Und diese Nacht, die nicht hereinbricht. Und sie, sie macht weiter, sie würde weiterhin absurde Bewegungen machen, ganz nackt, den rechten Arm auf dem linken Fuß, den linken Arm auf dem rechten.

Auf den blumengeschmückten Wagen schauen junge Leute mit nacktem Oberkörper nach hinten, während sie nach vorne gezogen werden. In der Mitte, vor dem Spiegel ihres Kleiderschranks, macht die Mutter in diesem ganzen Spektakel Bewegungen. Und die Spitze der Bäume spiegelt sich mit ihr, abgeschnitten vom Fensterkreuz.

Ebenso war der hintere Teil des Gartens eingefangen zwischen zwei Geräuschen: dem der Ebene, die der Horizont ganz in der Ferne durchschnitt, und dem des Weizens auf der anderen Seite, in der noch tiefstehenden, vom Schatten des nahen Waldes gefangenen Sonne. Auf der einen Seite hörte man über der Ebene das ferne Knarren einer Wagennabe oder das lauter werdende Vorüberfahren eines aus der Landschaft gekommenen Autos, das zur anderen hin leiser wurde. Auf der anderen Seite stiegen aus den steifen, auseinanderliegenden Villen schnelle Geräusche auf, fallende Besen, auf den Eimer schlagende Henkel.

Oft stellte der Vater seine Staffelei in den Gemüsegarten: über die drei Beine aus kastanienfarbenem Holz liefen dieselben Schatten wie über das Gras darunter. Im Herbst brachte er aus dem nahen Buchenwald auch Bilder mit, wo sich der Fuß in den dichten Blättern verfängt, wo Himmelsschneisen über den Lichtungen helle Senkrechte ergeben: Orte, die man wiedererkannte, ohne daß man je dort gewesen war. Die Pinselstriche verliefen reliefartig auf der Leinwand und die Dicke des Öls trennte die Farben.

Sehr oft malte der Vater im Herrenzimmer, einem großen Raum mit bis zur Decke reichenden Büchern, dessen Fenster nach zwei Seiten gingen: die Veränderungen des Wetters zeigten sich an dem einen Fenster früher als an dem andern.

Eines Tages hatte er den Vater mit einer seltsam eintönigen Stimme reden hören, so wie man spricht, wenn man schuldig ist. Durchs offene Fenster konnte er nur ein Stück der Decke sehen, er stellte sich den Vater stehend vor, in seinen um ihn herumhängenden Kleidern.

Viel weiter hinten, aus der Tiefe des Hauses kommend, hatte er die schrille Stimme der Mutter gehört: »Ich will keine nackten Männer in meinem Haus!« Als ob die Gegenstände einen Augenblick gewartet hätten, sprach nun die Stimme des Vaters von neuem, wobei er vielleicht den Kopf gesenkt hielt: die Stimmen waren zurückgewichen, sie hatten den Ort gewechselt, und wenn die eine fertig war, sprach die andere weiter:

»Aber ich muß das tun, ich muß wieder aktzeichnen, sonst komme ich aus der Übung und mache keine Fortschritte.«

»Fortschritte, wozu? Du kannst ja Statuen zeichnen.«

Der Satz von vorhin, schon auswendig gewußt, kommt mit dem gleichen Anheben der Stimme wieder: »Ich will keine nackten Männer in meinem Haus.« Das Wort nackt hob sich ab, das »a« des Wortes nackt gab ihm die Klangfülle einer Aufforderung. Ein riesiger Arm kommt aus dem Fenster, maßlos richtet sich der runde Finger auf ihn, kommt immer näher und öffnet ihm ein wenig die Lippen.

Ganz hinten im Garten angekommen – er hatte sich nicht die Entfernung zurücklegen sehen – versuchte er, die grotesken Bilder aus seinem Kopf zu bekommen. Sich an den Sohlen in die Höhe heben, sich an den Haaren hochziehen, sich auf einem einzigen Fuß drehen, es half alles nichts, das Bild blieb haften: in der braunen Helligkeit des Herrenzimmers steht der «Nackte», merkwürdig hell vor den dunklen Einbänden und den Regalen aus Mahagoni. Auf seinen Armen zeichnen sich Vertiefungen ab, die Haut ist dort weißer, matter und trockener. Er darf sich ausruhen, man bietet ihm etwas zu trinken an, eine Karaffe Wasser auf einem Tablett, und er trinkt im Stehen, von überall aus sichtbar, er schwitzt, an den Bücherschrank gelehnt, nackt zwischen den Büchern, und er weiß nicht, wo er die Eisenstange ablegen soll, die man ihm zum Halten gibt.

Die Türen würden verriegelt werden und im obersten Stock des Hauses würde die Mutter ihm die Märchen der Brüder Grimm vorlesen, ganz laut, um alles zu übertönen, was sich unten abspielte oder aber, so stellte er sich vor, man ging mit ihm ins Dorf und kaufte ihm drei Bällchen Eis. Unterdessen ahmte der »Nackte« den »Läufer« nach oder den »Gehenden« und der Vater, den Hut auf dem Kopf und mit seinem Kittel bekleidet, »arbeitete«, ihm gegenüberstehend, an den Schenkeln oder den Schultern. Taub und blind konnte man sich noch so sehr am Kopf in die Höhe ziehen, sich die Haare ausreißen, diese Bilder kamen immer wieder, und jetzt nahm er von neuem seinen Platz ein, drehte sich um und »posierte«, mit dem Rükken zum Maler, damit der sein rundes, schweres und zartes Fleisch, das der Junge sah, sobald er die Augen schloß, »auf die Leinwand bannen« konnte.

In der grauen Helligkeit des Speichers hatte er, eines dicht am andern stehend, alle alten Gemälde seines Vaters entdeckt: die weiße Oberseite voller kleiner Nägel mit blauen Köpfen. Man konnte sie aufschlagen wie die Karten eines Kartenspiels, und schon klatschten die Herbst- und Sommerlandschaften gegeneinander. Manchmal war auch ein nackter Mann dazwischen: an eine Eisenstange gelehnt, die größer war als er oder mit den Ellbogen auf eine Mauer gestützt, doch sogleich wieder verdeckt von den Bildern, die ihm folgten, das Auge indes hatte sich die Stelle des Bildes für alle Zeit gemerkt. Vor einem kastanienbraunen Hintergrund stand ein sehr weißhäutiger junger Mann mit rundem, glattem Körper. Ohne es zu wollen konzentrierte sich der Blick auf die Fülle der Schenkel: sie nahmen soviel Platz auf dem Gemälde ein, als sei der Körper nur da und sonst nirgends.

Entsetzen, Erfrieren vor Angst: hinter sich auf dem Speicher diese riesige, unendliche Gegenwart, mit ausgebreiteten Händen und stockendem Atem drehte man sich um und es gab nur die stille Neigung des Dachs und ganz fern die Stiche des Winds, ein Ruf, eine Klingel, ein Rad.

Im Kinderzimmer oder im Garten konnte man nicht mehr verdächtigt werden, daß man gesehen hatte. Darauf trat das, gemalt wie alles Übrige, etwas schattiert durch die eigene Schräge, wieder deutlich vor Augen, der Vater, wie immer den Hut nach hinten schiebend, wenn er besser sehen wollte, hatte, vornübergebeugt, mit kleinen Pinselstrichen das Schwarz obendrüber gemalt, wobei er die Krümmung der Locken verdeutlichte. Das hatte sich nun büschelweise gespiegelt – mit der Mutter im Spiegel des Schranks, schwarz und doppelt.

Nach der Sitzung geht der Nackte angekleidet weg, mit Hut und Mantel, wobei er die Türen hinter sich schließt. Am Bahnhof löst er am Schalter seine Fahrkarte und steigt in den Zug. Niemand wußte etwas davon: dabei war er der Nackte.

II

Geschwächt von Atemschüben, die das Gras kreisförmig niederdrücken, kommt der Wind bis hinten in den Garten. Die Birkenstämme richten sich auf, glatt, gleichmäßig, verformt und mit jenem Papier umkleidet, das bei der Berührung die Glätte von Schmirgelpapier hat: der Körper beruhigt sich beim Ertasten der Sanftheit unter seinen Fingern.

Im Gras liegend sieht man über sich die gekreuzten Blätter, wobei das Licht des einen vom runden Dunkel des andern übernommen wird: hier und da öffnen sich, hochblau, Himmelsschneisen von der Farbe sehr heller Nacht, in die aufeinanderfolgende Höhe der Blätter geschlagen, die Spitzen, die Zakken, die Stiele vermischen sich endlos miteinander und bleiben doch immer getrennt.

Vielleicht hatte man auf diese Weise die Welt umrundet. Wo kamen sie so plötzlich her, diese graublauen Segelschiffe auf der Ebene des Meers? Wo kamen diese offenen Wege her in den lichten Wäldern mit den nicht enden wollenden Rändern: Waren alle zukünftigen Landschaften schon einmal erlebt worden?

Manchmal erklang die Dorfglocke in unregelmäßigen, von Windstößen aufgehaltenen Wellen. Der Himmel wurde gelb. Woher wußte man nur, daß man sich daran erinnern würde?

Der Vater schlief jedesmal ganz schnell ein und er schämte sich, wenn er sah, wie er verschwand, in sich zusammensackte, sein Äußeres vergaß, den dunkelgekleideten Körper mit dem gewölbten Bauch, den allzu dünnen Beinen: der runde Bauch hob und senkte sich gleichmäßig. Dieser Schreck, den Vater so *ausgesetzt* zu sehen, vollkommen verschwunden, irgendwo in sich selber versteckt. Und der Griff des Küchenmessers, das man hineinstekken würde: zuerst das Geräusch der Klinge, die auf seinen Knopf stößt, der Griff direkt über dem Stoff, vom Atem gehoben und gesenkt, ein Bild, von nirgendwo gekommen, das man nicht zu verjagen vermochte.

Mit dem dahintreibenden Wind bewegten sich die Schatten über dem schlafenden Vater: er glaubte ihn auf dem Turm stehen zu sehen. An den *Gedenktagen* war er dreimal damit beauftragt worden, auf einem der Bismarcktürme das *Gedenkfeuer* anzuzünden: aus Granit erbaut, waren diese Türme über ganz Preußen verstreut. Mit Einbruch der Nacht loderten die Scheiterhaufen beim Klang der Fanfaren nacheinander auf: es war das tiefe Deutschland.

Student zwischen 1890 und 1900, hatte er den Zug von Hamburg nach Friedrichsruh genommen, um den Kanzler zu sehen, wie er, von seinen Fleischerhunden umringt, unter den Buchen auf- und abging. Und an diesem Frühlingsmorgen war der Zug vorbeigebraust mit den zahlreichen Wagentüren, die an jedem Bahnhof zugeschlagen wurden, war in eine mitten in den Wald gehauene grüne Schneise gebraust, eine starre, metallene Aufeinanderfolge von Fenstern auf dem Weg nach Friedrichsruh.

Man hatte eigens einen Bahnhof gebaut und hinter den Baumstämmen stand ein gelbes, niedriges, von Fenstern durchbrochenes Gebäude, da wohnte Bismarck. Das Kind stellte sich den Vater im Turm vor: viereckig ragte der Turm hoch, als ob er darauf wartete, daß der Vater oben angekommen sei, und plötzlich tauchte er ganz oben wieder auf, hob sich schwarz vor den rotlodernden Flammen ab.

Später hatte er im Zug von Berlin nach Hamburg sogar mit dem Kaiser gesprochen. Wilhelm II. hatte die Gewohnheit, sich, wenn er nicht gerade im Sonderzug reiste, sondern sich mit einigen Wagen begnügte, die Studenten vorstellen zu lassen. Man war nicht mehr weit von Hamburg entfernt, als der Vater an der Reihe war: er richtete unablässig seinen Anzug und bewegte sich so wenig wie möglich, um ihn nicht zu zerknittern.

Ein Ordonnanzoffizier hatte ihn bis zum Wagen Wilhelm II. geleitet, einem regelrechten Salon mit

Perserteppichen, und der Kaiser hatte auf einem vergoldeten Stuhl vor einem kleinen runden Tisch gesessen, und währenddessen war draußen die Landschaft vorbeigehuscht: wie konnte man hinter einem Tisch sitzen und gleichzeitig durch die Landschaft fahren?

Kaum hatte er sich vor dem Kaiser verbeugt, hörte er das hohle Donnern des Zugs über die Bille-Brücke.

Von Zeit zu Zeit überprüfte er seine Erinnerung an Ort und Stelle. Vielleicht wollte er sich vor dem Kind wichtigmachen: ihm zeigen, daß er allein ein wenig Deutschland war. Hinter dem Buchenwald floß zwischen dem hohen Gras das Flüßchen: die tiefe, ruhige Bille, über die sich die Eisenbahnbrücke spannte: unter dem Backsteingewölbe spiegelte sich das helle Zittern des Wassers. Ein Pfad neben der Böschung führte unter der Brücke am Fluß entlang, dort konnte man die Brücke von unten sehen und manchmal hörte man, während alles *unverändert* blieb, über sich das dumpfe Rollen des Zuges.

Tisch und Stühle waren mitten in der Landschaft über sie hinweggebraust. Und der Kaiser und seine Schenkel auf dem Rohrgeflecht des Stuhls. Und die Schuhsohlen, alles war so, von *unten gesehen*, dahingebraust. Sein Vater jedoch war im Stehen gefahren.

Um sich vor diesem grotesken Anblick zu schützen, hatte der Junge die Hände vors Gesicht gelegt und sich, vorwärts laufend, nach der von der riesigen, stillen Rundung des Bogens geleerten Backsteinbrücke umgedreht; den Hut auf dem Kopf ging der Vater über den kleinen Rand der Uferböschung. Dabei war er es, der ihm die Welt offenbart hatte: eines Abends hatte er, in seinem Bett sitzend, ein Schiff mitsamt Takelung gezeichnet, doch der Hafen vermischte sich mit den Tauen, und vor Wut hatte er alles zerreißen wollen. Mit einem einzigen Bleistiftstrich über dem Schiff zeichnete der Vater den Horizont und die Perspektive war auf einmal da: die Wolken flohen über das Meer hinweg zu ungeahnten Ebenen.

Der Vater nahm ihn manchmal zum Radfahren mit: er stieg von hinten auf, wie man früher auf die Draisinen stieg, wobei er sich mit dem Fuß abstieß. Dreimal wöchentlich nahm er den Zug nach Hamburg: er war Richter und rauchte Pfeife.

Nach der Machtübernahme Hitlers hatte man ihn auf Grund seiner Abstammung zwangspensioniert. Er hatte genügend Zeit, um zu malen und mit großen Schritten in der Gegend umherzustreifen.

Hinter Schöningstedt führten Pfade, neben denen sich Wagenspuren hinzogen, zur leicht gewellten Ebene, es war Lauenburg; neben einem mit rundem Schilfrohr bestandenen Teich begann ein grasbewachsener, etwa dreißig Meter hoher Hügel. Er hatte ihm ganz in der Ferne, am Rande der Ebene, die fünf Türme Hamburgs gezeigt, die *still,* verschlankt, spitz zulaufend, verschwommen grau, über dem Nebel auftauchten, der Pfeil von Sankt Nikolaus, der Glockenturm von Sankt Michael, Sankt Peter, das Rathaus, das zierliche, aufeinanderfolgende Hochragen von Sankt Katharina, der Turm, den er allen anderen vorzog.

Manchmal fuhr er mit ihm in die Stadt, sie nahmen den Zug auf dem Reinbeker Bahnhof, der an der Straße gelegen war und gleichzeitig am Platz, den man auf der anderen Seite für die Durchfahrt der Züge vertieft hatte. Im Eisenbahnwagen fährt man sehr hoch über den Bahndamm durch die leicht abschüssige Ebene; unten, auf dem Fußboden, ein Lärmkubus, in dem sich das spitze Pfeifen des Windes verfängt. Man sitzt unbeweglich im Abteil, in dem die Landschaft abschnittsweise an einem vorbeihuscht. Manchmal hält der Zug, man hört es in Höhe der Knie reden.

Und von neuem braust der Zug auf Hamburg zu, die Abteile, eins hinter dem andern, starr, gerade geschnitten und am Ende mit Puffern und Laternen versehen, ziehen sich einander nach.

Am Dorfrand schieben sich Landstraßen in die Vegetation hinein, bis die Stadtviertel kommen, die es noch nicht gibt: die Eisenbahnstrecke Hamburg-Berlin verläuft hier schienengleich, abgeschlossen von einer schwarzweiß gestrichenen runden Schranke: man wartete dort beim Klingelgeräusch einer kleinen Glocke. Während der Zug lärmend vorüberdonnerte, taten die Passanten, die vor der Schranke standen, so, als sähen sie nichts, den Hut auf dem Kopf oder ein Fahrrad haltend, bewahrten sie die gleiche Haltung wie vor dem Zug. Das Fahrrad neben sich auf den Boden geworfen, wartete er auf die Durchfahrt des BERLIN–HAMBURG: endlos, zusammengeschnürt, in Wagengruppen aufgeteilt, die Arme auf dem Rücken zusammengebunden, fühlte er sich waagrecht durch die Felder brausen. Jedesmal überkam ihn ein Wahn: er versuchte sich im Schritt seiner Hose hochzuheben oder er zog sich mit beiden Händen an den Haaren hoch, drehte sich um sich selber, schrie aus vollem Hals, hörte aber keinen Ton in dem Lärm: er war es, der so, nackt, mit herausgestrecktem Hintern, Rückstrahler mitten im Fleisch, mit Volldampf dahinfuhr und bei den schienengleichen Bahnübergängen pfiff.

Hände rollten ihn über einen Tisch. Man stempelte ihn violett. Gebrauchsfertig verschickt, ist er ein Löffel, den man in den Mund steckt. Eine dunkle Hitze schließt sich um ihn: er wird hohl und die sanfte, warme, rauhe Zunge schmiegt sich ihm an: er ist gefangen in dieser Dunkelheit, sie umgibt ihn und schützt ihn. Vielleicht tobt draußen ein Unwetter. Oder aber Hände würden ihn bei den Hüften halten: man zwängt ihn in ein Korsett, man schließt die Schnallen eine nach der andern, man zieht kurz an den Schnüren, er ist zum »fliegenden Hamburger« geworden: auf dem Bahnhof schlagen an ihm die unten schwarz und oben cremefarbig gestrichenen Türen zu, er legt die Strecke Berlin-Hamburg in zwei Stunden zurück, in Eile, Puffer nach vorn, »DER FLIEGENDE HAMBURGER«, an den schienengleichen Bahnübergängen macht er langsamer.

Man fuhr bei hochrädrigem Lärm im Hamburger Hauptbahnhof ein, HAMBURG HBF: ein gelbes, schattenloses Licht fiel starr aus dem Riesenglashaus mit den Stahlrippen. Zeitungskioske auf den Bahnsteigen trugen wie draußen Reklamehelme. Von den dumpfen, vielfältigen Geräuschen hoben sich die plötzlichen Einschübe der präzisen, unverständlichen Stimmen ab, zerhackt vom lauten Husten der Lokomotiven: ihr weißer Rauch stieg auf bis zur Fußgängerempore, die über die Bahnsteige führte, die Passanten verschwanden zeitweise darin.

Wenn man aus dem Bahnhof herauskam, entdeckte man, kolossal und düster, die fünf Türme der Stadt. Man beeilte sich. Über einem, von der

Höhe abgeschnittenen, richtete sich plötzlich der Turm auf, grüngrau, kleine Kuppeln bildend, eine über der andern.

In der Nähe öffnete sich die von Kanälen unterbrochene Trichtermündung: die Fleete, wo das Wasser gegen Backsteinhäuser schwappte, deren Fensterflügel sich nach außen öffneten. Eimer wurden an Seilen heruntergelassen. Die Anlegestangen der Lastkähne stießen an die Flanken der großen Schiffe. Die Bewegung der Fenster wiederholte Teile des Himmels und auf dem Mauerwerk der sich mit der Fahrrinne krümmenden Fassaden zitterte das Weiß des unermeßlichen Hafenwassers, so weit ausgedehnt, daß man sich nach vorn gezogen fühlte. Der Himmel kam zwischen den Turmdrehkranen und den Brückenkranen der Schiffswerften auf das düstere Wasser herab. Das andere Ufer war so weit weg, als sei es überflutet: die Häuser oder Bäume schwammen vereinzelt über die Horizontlinie. Davor durchschnitten die großen weißen oder schwarzen Schiffe den Himmel. Und ganz hinten ließen plötzliche, durch die Wolken brechende Sonnenschübe die einen auftauchen, während andere sich vom Dunkel ringsum abhoben. Das tiefe Wasser wurde von Wellen abwechselnd zerschnitten und ausgehöhlt. Sehr viele Barkassen kreuzten sich in alle Richtungen und fuhren schaukelnd um den Fährmann herum, der reglos in der Mitte stand. Von Zeit zu Zeit glitt der schwarze

Strich eines nahen Bootes über den hellen Korpus eines anderen, fern in der Sonne liegenden und verdeckte es ganz.

Manchmal ertönte düster, pathetisch die Sirene eines abfahrenden Frachtschiffs, und die ganze Landschaft zog sich zusammen.

Und auf einem Vergnügungsdampfer war das Wasser noch höher, noch schwerer, und man war stolz, mit der Hand die Randleisten des Schiffs zu berühren: man fuhr im leichten Wind dahin, getrieben vom »pöh-pöh-pöh« des Motors, die schwindelerregenden Bugs der Schiffe wurden umfahren und an hölzernen Pontons wurde angelegt, wo das Wasser unter dem Gewicht der Passanten zwischen den Planken hervorquoll; an einer Bretterbude auf dem Kai hatte das Kind dann Anrecht auf eine Bockwurst, auf die es während der ganzen Spazierfahrt gewartet hatte. Die weiße, glänzende, mit blauen Leisten geschmückte Theke war in Augenhöhe des Kindes: man mußte den kleinen, viereckigen, mit Rinnen an den Ecken versehenen Pappteller halten, ihn von oben zu sich herabziehen. Der Senf bildete einen kleinen, ringelförmigen runden Haufen. Und die Bockwurst – das Auge erfaßte sofort die Größe – glatt, heiß und fest, wurde zwischen zwei Finger genommen; etwas schwer wippte sie auf und ab; man ließ sie einen Augenblick lang auf der Lippe liegen, dann schob man sie in den Mund, den sie, voluminös und warm, ausfüllte. Sobald die Zähne knackend hineinbissen, gab es ein dröhnendes Geräusch, das den ganzen Kopf erfüllte, sie platzte und der Saft spritzte gegen die Wände des ganz um diesen gepfefferten Geschmack herum gerundeten Mundes, und erfüllt von der festen, weichen Konsistenz, ließ man die Landschaft um sich herum sich ordnen. In der Ferne schwankten die verglasten Wetterhäuschen der Anlegepontons.

Dann gelangte man zu Fuß durch senkrechte Straßenschluchten plötzlich zu einem Himmelsloch; dort ragte eine schwarze Steinstatue auf: kolossal, der Körper aus einem Stück, ohne Taille, dick und rund, über den Schultern ein riesiges Gesicht, das sich grenzsteinartig abhob: kahlköpfig, brutal starrte es den unsichtbaren Horizont an und schien unter den Wolken dahinzuschreiten. Man schämte sich, zu diesem riesigen Bismarck hochzublicken, als ob die Leute sich umdrehten, um zu sehen, wie man schaute.

Aus Räumen voller Wind gelangte man in kubische Interieurs. Ganz hinten in einem unendlich großen Saal öffneten sich zwei viereckige, von schwarzem Marmor umgebene Türen: zwei ägyptische Tempeleingänge; die Leute bestiegen den »Pater noster« oder kamen heraus, zwei Aufzüge, die ohne je anzuhalten nach oben und nach unten fuhren und aus übereinanderstehenden, sehr langsam fahrenden Kabinen bestanden. Ein Schritt genügte um einzusteigen. Auf der einen Seite kamen Füße herab, auf der anderen fuhren Hüte hinauf und einen Augenblick lang begegneten sich ganze Körper, die sogleich wieder geschluckt wurden. Am Ende des Saals kreuzten sich somit die beiden Reihen in der Wand, als ob die, die auf der einen Seite einstiegen, auf der anderen verwandelt wieder herauskämen.

Eine Angst schnürte ihm die Brust zu: er würde den Nachhauseweg nicht mehr finden, er wäre verloren. Der Vater war vielleicht vorübergegangen, ohne daß er ihn erkannt hatte.

Man würde ihn wegbringen, er schloß die Augen und spürte schon Arme, die ihn packten und hochhoben. Weich und rundlich läßt man ihn in Hülsen hinab, die sanft an allen Teilen seines nackten Körpers entlanggleiten, er rutscht ab in dieser Röhre, Lederriemen packen ihn an der Innenseite der Schenkel, verlangsamen den Fall.

Plötzlich legte sich eine Hand auf seinen Kopf, höhlte sich. Der Schreck war so groß, daß er in sich selber hängenblieb, wobei er nicht mehr seine ganze Größe einnahm, zu einer Scheibe, einem Blatt Papier geworden; der Atem stockte, bevor von weiter als ihm selbst ein Schrei emporschoß, bei dem sich alle anwesenden Leute gleichzeitig umdrehten. Sein Vater hatte ihn nackt ertappt, mit umgürteten Schenkeln, wie er in diese warme Röhre glitt, die eins mit ihm wurde.

Darauf begann das Kind ihn zu schlagen, blind vor Wut, wobei es mit den Schuhspitzen zielte, um wehzutun. Es blieb nur das, die Fenster auf der einen Seite, helle Rechtecke, und auf der andern Seite die Stellen, wohin er schlagen konnte. Vor den Augen der Leute mußte ihn sein Vater mit ausgestreckten Armen von sich fernhalten.

Er versäumte alles andere, sah nicht die Straßen oder die Bahnhofshalle. Im Zug war er irgendwo ganz oben in seinem Körper, als hätte man ihm ein Visier über die Augen gezogen. Die Nacht war bereits hereingefallen, Lichtschleifen änderten ihren Lauf, näherten sich dann dem Gleis und unter jedem Lichtmast entstand ein großer, heller, runder Lichthof. Von Licht zu Licht bildeten sich verlassene Strecken. Der Zug fuhr sehr hoch, man konnte mit der Gewißheit schlafen, sich nicht zu verirren, der Körper verschmolz allmählich mit diesen unsichtbaren, durch die Unebenheiten des Zuges gekennzeichneten Entfernungen. Man brach bereits zu einer großen Reise auf.

III

Dieser Apfelschimmel in der Stille des Nachmittags, dessen Hufe auf die Landstraße knallen, das hätte er sein können. Unten auf der grünlichen Treppe, die vom Keller zum Garten führte, packte ihn das Entsetzen des letzten Augenblicks, nachdem diese Hand ihn in sich selber zurückgehalten hatte, kurz bevor er sich in etwas anderem verlor: in dem, was er genauso gut hätte sein können.

Immer wieder erschien nun mit langem Gesicht dasselbe Pferd, grau, apfelschimmelfarben, dick, manchmal im Profil an den Biegungen des Weges, dahinter dieser ganze Körper, der es war. Ohne Geschirr und Halfter hebt und senkt sich der Kopf im Rhythmus der Schritte. Seine Länge verwundert. Es ist der Sommer zwischen zwei Zäunen, wo Pflanzen in dichten Büscheln durcheinander wachsen. Manchmal reibt sich sein Körper sogar an den Ausbuchtungen des Drahtzauns. Es ist unmöglich, ihm aus dem Weg zu gehen, man muß zurückweichen so wie er näher kommt, sich an den Zaun pressen, und schon spürt man diesen seidigen Körper mit den unerwarteten Neigungen, wie er sich an einen schmiegt, rauh, endlos. Das Wetter ist schön und die Sonne steht schon tief. Sobald das Pferd vorbei ist, dreht man sich nach ihm um: es ist nackt, von einer menschlichen Nacktheit, ständig allen Blicken ausgesetzt, eingeschlossen, erstickend, ein Pferd ohne Arme.

Täglich fast diese Angst, aus sich herauszufallen: man ist nur vorübergehend der, der man ist, man wird einen da herausholen, um einen in dieses Pferd zu stecken, als ob man von oben weggetragen würde, an Fingerspitzen hängend, die man nicht sah und die einen hinstellen würden, wohin sie wollten.

Die Tiere, das war sicher, wußten Bescheid, denn woher kam dieses Jahrzehnte später gesehene Bild? Was war ihm vorausgegangen? Diesem Kondor in Südamerika in einer roten, kahlen Berglandschaft. Die Jäger haben Fleisch auf einen Felsen gelegt, es war derart gesalzen, daß der Vogel unaufhörlich trinken mußte, er war so mit Wasser gefüllt, daß er nicht mehr davonfliegen konnte. Zwei Reiter – zwischen ihnen sieht man die Gipfel und die Berghänge – bringen ihn weg, jeder hält ihn an einem Ende seiner ausgebreiteten Flügel: in der Mitte baumelt der Kopf des Vogels, schaut nach rechts, nach links, die Beine strampeln ununterbrochen ins Leere. Für einen dauerlosen Augenblick – als ob man sich nach sich selber umdrehte – sieht man diese Berge, die der Kondor sah.

Man kippt in dieses Pferde-Sein, in dieses Kondor-Sein: schon um Haupteslänge überholt, ist man mit dem übrigen Körper noch da, das Hinterteil ist noch nicht angekommen, und die Passanten sehen das so von einem Ende zum andern.

Man ist Kopf-Pferd, eingespannt zwischen die nackten Schenkel des Reiters, die das Gesicht umschlingen: eine warme Sanftheit an den Wangen, fest und biegsam. Dann hört sein schließlich nach oben gerichteter Kopf auf, ein Reittier zu sein. Stufenförmig steigt ein Turm an, so nahe, so senkrecht, daß er ganz oben nur seine höchste Spitze überragt.

Die Tiere wissen Bescheid: sie haben das Kind im Gebüsch gesehen wie es sich nackt auszog, erstaunt darüber, dieser sehr glatte Körper zu sein und ihn zu haben, über den er erschaudernd mit den Fingerkuppen fährt: vornübergebeugt und seine weißen Schenkel betrachtend, die er sieht, wie er sie auf den Bildern sieht, eine gerade Linie trennt sie voneinander: auf dem Glasfenster der Dorfkirche, über dem gewachsten Chorgestühl mit den gotischen Zierleisten steht hochaufgerichtet die Figur des Christus vor blauem Hintergrund: er ist nackt und die Sonne löst seine Nacktheit vom blauen Hintergrund des Glases ab: seine Schultern sind rund, mit einer Hand hält er die Standarte mit dem gelben Kreuz, die im Winde weht: der mittlere Teil seines Körpers ist mit wallendem Stoff bekleidet, aus dem die langen, weißen Schenkel hervorsehen, auf denen er steht: eine gleiche gerade und senkrechte Linie trennt sie. Sobald dieses Bild kam, ließ ihn das kleinste Geräusch im Gebüsch vor Angst schwitzen, ließ seinen Körper erstarren, es war nie jemand, nur ein Tier, eine Katze mit grünem Blick, die plötzlich da war wie seit eh und je *und die alles gesehen hatte.*

Die Katze wird ihn kratzen, sich an ihn drücken, sich in ihn verkriechen, ohne daß er sie losreißen kann, sie wird ihm die Krallen ins Gesicht schlagen: er spürt, wie ihre dunkle, trockene Buschigkeit seine Augen bedeckt und vor Entsetzen schreiend läuft er durch die Brombeersträucher. Wegen dem bißchen Blut auf der Wange wird ihn die Mutter, wenn er heimkommt, ausfragen, sie wird alles herauskriegen, sie wird herauskriegen, daß er nackt war, daß er immer dasselbe Buch betrachtete, in dem auf Bildern die Folterungen der Heiligen dargestellt sind.

Inmitten der Könige mit den schweren Mänteln, die über ihren eigenen Falten zusammenknicken, ist der Märtyrer nackt: vor dem Rot, dem Grün, den goldenen Litzen das Weiß seines Körpers. Man sieht nichts anderes mehr und das *wußte* die Katze.

Unterm Gebüsch nun die Gegenwart seines Körpers: er ließ seinen Blick auf dem flachen Boden vor sich hinlaufen, eingeschlossen unter der dunklen, in die Helligkeit ringsum gebrochenen und von gelben und ockerfarbenen Blättern der vorangegangenen Herbste bedeckten Öffnung, wo der

Sommer hier und da durch runde, zitternde Löcher drang, die von Windstößen geöffnet und geschlossen werden. Geräusche kamen aus der Ebene und umgeben von diesem Gewölbe wie in einem Waggon, schien ihm, als fahre er durch die unbewegliche Ebene.

In der Speisekammer, einem Raum zwischen der quadratischen, hellen Küche und dem grünen, düsteren Eßzimmer, gab ihm seine Mutter Eisenwasser zu trinken oder Rizinusöl, durch das braune Glas der Flasche tauchte gebogen und rund der hintere Teil des Gartens auf, jener Ort, an dem er schuldig geworden war. Neben ihm bewegte sich das braune Kleid seiner Mutter und sie sprach immer *von etwas anderem.* Er wurde dort eingesperrt, damit er sich beruhigte, und sie, die Eltern, blieben bei ihm, der Vater am Fenster, die Mutter an den Heizkörper gelehnt, beide durch eine unsichtbare Schnur miteinander verbunden, und er konnte noch so heftig gegen die Tür trommeln, man ließ ihn nicht hinaus. Er trat so heftig mit dem Fuß gegen die Tür, daß sich unten die Paneele löste, manchmal platzten Farbsplitter ab und darunter erschien der dunkle Untergrund. Es blieben nur noch die Schemel, um nach ihnen zu werfen, aber einer hielt einem immer beide Hände fest, während der andere mitleidig schaute: sie ließen sich nicht schlagen, man konnte sie nicht entzweihauen, sie nicht überm Knie durchbrechen, diesen Haß aus ihnen herausreißen, der einem den oberen Teil des Kopfes zuschnürte.

Manchmal, wenn er sich umdrehte, ertappte er sie mit sorgenvollen Gesichtern, ihre abgebrochenen Gebärden hingen noch erkennbar in ihnen: der eine mit erhobenem Fuß, im Begriff die Treppe hinaufzusteigen, der andere den Arm auf eine Tür der Kredenz gerichtet: und gleichzeitig waren ihre Augen auf ihn gerichtet, und er fand nichts, was er ihnen hätte nachwerfen können, damit sie nicht mehr zu zweit so vor ihm stünden.

Und am Abend, wenn man ihn zu Bett brachte! Der Schirm der Lampe mit dem Gegengewicht zeichnete riesige Ornamente auf das Hell der Decke und das Zimmer schien an diesem Schattenkegel zu hängen, zur Linken schoben sich zwei große, grüne Vorhänge vom Fenster her vor die hohe, flache Nacht. Eines Abends, als seine Mutter ihn auszog, war sein Vater gekommen und hatte ihn angeschaut und um ihn besser zu sehen, war er bis zu den Vorhängen zurückgewichen: »Ich glaube tatsächlich, daß ihm eine Höhensonne guttun würde.» Eines Abends hatte er nämlich bei Tisch selber das Gespräch darauf gebracht, sich eine List erfindend.

Einer seiner Schulkameraden hatte ihm mit etwas eintöniger Stimme auf dem grauen, von Hekken gesäumten Weg, an dem sie beide wohnten, erzählt: damit er kräftiger werde, hätten ihn seine Eltern ins Thermalzentrum Sophienbad gebracht: er habe sich ausgezogen und unter einer riesigen Lampe nackt auf den Rücken gelegt: man habe ihm eine grüne Brille aufgesetzt, damit ihn das Licht nicht blendete, und er sei nicht bestraft worden, weil er nackt war: er sei sogar eigens zu diesem Zweck hingeschickt worden. Dann habe er sich bei einem Klingelzeichen umdrehen und auf den Bauch legen müssen.

Seine Mutter würde also schon am nächsten Tag mit ihm hinfahren, und er würde sich schämen, daß man ihn im Dorf in Begleitung dieses Körpers sähe, dessen Arme sich heftig bewegten und dessen Kleid, eine senkrechte Stofffläche, unaufhörlich im Rhythmus der Schritte aneinanderschlug.

Er hatte sich an nichts erinnert, da waren Stimmen, Gebärden, Türen, Fenster, Linoleum und der grüne Blick hinter der Brille. Die nächsten Male war er allein hingegangen. Man konnte sich eigentlich nicht verlaufen, und dennoch jedesmal die Angst, nicht die Landschaft vor sich zu haben, die man erwartete: links der Waldrand aus Himbeerhecken mit dem Licht, das auf die Häuser herabfiel, rechts, noch eingefangen unter den Baumkronen, die gepflasterte Straße mitten im Wald mit ihren Bürgersteigen zu beiden Seiten. Und im Kopf die eingezeichnete Richtung.

Der kleine Metallschemel mit den drei Stufen

und das mit einem weißen Laken bedeckte Krankenhausbett, eine glatte, harte, leicht gekrümmte, genaue Lederfläche, auf der gerade ein Körper Platz fand. Man würde hier nur ihn sehen, man lag da sehr hoch, den Blicken ausgesetzt.

Vor den Augen der Diakonissin hatte er versucht, seine Hand zwischen den Schenkeln zu verstecken. Sie befahl ihm, sich auf den Bauch zu legen. Frische hüllte ihn ein, er spürte alle Teile seiner selbst, nacheinander und dennoch gleichzeitig, von Schulter zu Schulter, von Bein zu Bein: den Kopf auf seinem Vorderarm. Er wird im allerletzten Augenblick gerettet. Das Getrampel des ganzen Stammes läßt den unter dem Gelb des Himmels vom reglosen Wald eingeschlossenen Boden erzittern. Man hat ihn nackt an den Pfahl gefesselt, die Stricke reißen seinen Körper blutig; man wird ihn auspeitschen, bevor er gefoltert wird. Die Bilder überstürzen sich, neu, perfektioniert, von Abend zu Abend deutlicher. Die Sonne geht unter, er bringt seinen Schmerz dem Herrn dar, denn ist er nicht Missionar?

Die Sanftheit seiner Schulter, die Zerbrechlichkeit seines Fleisches! Die Kinder des Stammes, die Frauen, staubbedeckt, sehen zu, wie er sich unter den Lederriemen windet.

Plötzlich ertönen Schüsse, er spürt das dumpfe Geräusch der Klinge, die die Seile durchtrennt, dabei werden seine Handgelenke mitgeschüttelt, dann jedesmal die Ohnmacht und das Erwachen in frischen, wohltuenden Bettlaken. Jeden Abend das Träumen von der glücklichmachenden Verzweiflung, vom unendlichen Kummer, die durch Umarmung und Trost beendet werden.

Als das Klingelzeichen ertönte – als sei es mit dem Traum vermischt –, drehte sich das Kind auf einen Schlag um, sich den Wilden darzubieten, die ihn von neuem an den Marterpfahl binden wollten. Das Licht blendete ihn, und die riesigen Kreise grünen Lichts, größer als die Lampen, tanzten vor seinen Augen.

Die Diakonissin, das Bein auf eine der Stufen des Schemels gestellt, drehte ihn plötzlich um und legte ihn übers Knie – er ragte darüber hinaus, sich selber im Gleichgewicht haltend, während die Arme durch die Luft schlugen –, und die Hand in der genauen Verlängerung des Armes hochhebend, begann sie ihn mit aller Kraft zu schlagen, sie ließ die Hand regelmäßig abprallen, hob sie wieder und ließ sie von neuem schwungvoll niedersausen.

Es war vor allem die Verwunderung, daß es einen solchen Schmerz überhaupt gab: riesige Nadeln, die in einem brennenden Kreis in ihn hineingesteckt wurden. Der Schrei kam aus ihm heraus, doch er erkannte die Stimme nicht. Über ihm die Diakonissin – sie konnte gleichzeitig sprechen und ihre Arme niedersausen lassen: zwei Körper zusammen, der eine stufenförmig über dem anderen: Stimme und Brandwunde.

»Ekelhafter Bengel, kleine Drecksau«, dann, nach kurzem Schweigen, »du kleiner... kleiner Dreckjude.«

Vor ihm hob sich, durch die Tränen hindurch, unbeweglich das runde Fenster ab: Gegenstände erschienen, verschwanden.

Plötzlich draußen – es blieb keine andere Erinnerung – ging er steifbeinig fort, der Schmerz brannte noch in ihm, ging mit vorgestrecktem Kopf, sah nichts anderes als den weißen Verlauf der Landstraße, in der Ferne abfallend, blendend, abschüssig, ganz am Ende zur Brücke werdend, über deren Eisenbahnlinie sie hinwegsetzte. Als er sich nach dem leeren Nachmittag umdrehte, sah er die Sonne, violett umrandetes Schwarz, ein ausgeleiertes Rad, das sich in der eigenen Felge drehte. Der Himmel berührte in gerader Linie den oberen Teil der Landstraße, dort, wo die Brücke mit zwei Steinfassungen begann. Die Sonne setzte Myriaden roter, violetter, grüner Punkte.

Über seinem Kopf zog sich das Geländer am eisernen Gesims entlang: der Graben darunter, schwindelerregend; dort lag der glänzende Verlauf der Gleise, die Schotterränder des Grabens flimmerten in der Sonne.

Und plötzlich schüttelte ihn ein Lachen: seine Mutter kam vielleicht mit dem Fahrrad nach Sophienbad, fuhr mit quietschenden Pedalen um die Biegung, ein Rad vorn, ein Rad hinten, und auf dieser Schmalheit zwischen den Rädern sitzt dieser ganze Körper: und das transportierte sie, unter ihr war nichts. An der Lenkstange eine runde Klingel, unbeweglich.

Die Diakonissin würde ihr alles erzählen, sie würde zu ihr sagen, daß er »ein kleiner Dreckjude« sei. Und seine Mutter, im Raum stehend, würde dieser Person zuhören, die mit ihr sprach und Worte sagte: »Kleiner Dreckjude.«

In seinem Kopf, unablässig und genau, das Bild der Holztafel in der Kirche, auf der die Nummern der Kirchenlieder angezeigt wurden. Eine stehende Seite, absurd, unbeweglich, mit diesen auf Holzplättchen weiß geschriebenen Zahlen: gekrönt von einem Giebel mit doppelter Neigung, stand sie mit einem einzigen runden Bein auf sich selber. Der Pfarrer hatte eines Tages in der Sonntagsschule zu ihm und einem Kameraden gesagt, sie sollten sie ein wenig verschieben. Sie waren die drei Stufen zum Chor hinaufgegangen und standen jetzt höher als sonst; sie hatten das Bein mit beiden Händen gepackt, über ihnen hatte sich die Tafel mit ihnen verschoben, und ihre Hände waren langsam an diesem runden, gewachsten, glatten Bein entlanggeglitten. In der Sonntagsschule hatte er zum ersten Mal dieses Wort gehört: »Jude.« Er hatte aufgeschaut und die weißen Schenkel der Christusfigur auf dem Kirchenfenster gesehen: Christus war ausgepeitscht worden, Bilder zeigten ihn von vorn, vornübergebeugt, mit gefesselten Händen, und er war zusammengezuckt.

Die Mutter hatte sicherlich mit der Diakonissin gesprochen, denn man brachte ihn nach Hamburg zum Arzt, der in einer Straße wohnte, die in Richtung Nachmittag lag – sie führte bis zum Horizont –, jenem Hintergrund entgegen, vor dem ein Glockenturm und ein Gasometer standen, von der Entfernung bläulich gefärbt. Das Haus funkelte von Fenstern.

Vielleicht genügte es, nur ein ganz klein wenig zu atmen, sich so wenig Platz wie möglich zu lassen. Es betraf einen nicht. Die Hände des Arztes legten sich auf ihn, genau dort, als ob er alles gewußt hätte. Seine Eltern husteten irgendwo in der Tiefe der Arztpraxis.

Die Finger des Arztes berührten ihn, hoben hoch. In den Brustkorb geflüchtetes Insekt, war man nicht mehr dort, wo der Arzt einen berührte. Was spürten seine Finger? Er hatte damals, als die Katze geflohen war, unter der Glätte des Haars harte Wirbel hindurchgleiten gespürt: er hatte den Schwanz in dem Augenblick gepackt, als die Katze unter die Hecke zu entweichen versuchte, in einen dieser freien Räume zwischen den Stämmen der Sträucher. Die Katze hatte sich kurz gegen ihn gestemmt, ihre Pfoten durchgedrückt, und dann hatte er gespürt, wie ihm die Knorpel durch die Finger glitten.

Vielleicht konnte man erfrieren, nicht mehr sein, die Stellen festlegen, über die die Finger des Arztes glitten: sie setzten Markierungen an der Leistenbeuge entlang: das breite Dahingleiten des Daumens und die schneidendere Berührung der anderen Finger, die Kühle des Fingernagels.

Und plötzlich war der Raum leer: der schwere Druck über ihm, die komprimierte Luft waren mit einem Schlag verschwunden: ziemlich weit entfernt floß Wasser und eine Stimme – es war die gleiche, doch sie schien nicht mehr an ihrem Platz zu sein, als ob sie schon draußen sei – sagte: »Ein ganz böser Junge ist er auf jeden Fall!«

Auf dem Rückweg mußte er vorausgehen. Wenn er sich umdrehte, sah er sie beide vollständig, von Kopf bis Fuß, ein schmales Stück Straße zwischen ihnen, sie sprachen über ihn, er hätte ihnen gern Pflastersteine an den Kopf geworfen, hätte gern ihre Köpfe unter seinen Absätzen bersten gehört, ihre Blicke wurden eindringlich, ergeben, besorgt, mit offenen und »liebenden« Augen, sie taten nur ihre Elternpflicht.

An jenem Abend waren ihre Bewegungen allzu langsam, ihre Hände ergriffen die Gegenstände nicht wie üblich, einer von ihnen war immer abwesend, wenn der andere da war. Plötzlich standen sie beide an seinem Bett, und mit einer einzigen Bewegung – sie hatten sie sicherlich vorher geübt, der Arzt hatte ihnen gesagt, wie sie sich zu verhalten hätten – nahm jeder eine seiner Hände und versuchte, sie in ein Lederfutteral zu stecken – so, daß noch etwas Bewegungsfreiheit blieb, wie bei Hunden –, das am Bettrand mit einer kleinen Kette festgemacht war.

Es packte ihn ein maßloser Zorn, eine fast ruhige Wut, die so stark war, daß sie ihn die Gegenstände genau dort zerbrechen ließ, wo sie zerstört werden sollten. Methodisch und exakt zerriß er seine Bettlaken, sein Federbett, die Tagesdecke, wobei er die Kraft fand, die Nähte auseinanderzureißen und sich, um nicht zu sehen, den Anschein gab, als sähe er nicht, daß die Mutter weinte. Geheul kam aus ihm, vielleicht hörte man ihn draußen.

Es war wieder dunkel geworden im Zimmer: nach und nach blieb nur noch der große, aufrechte Raum der Fenster zurück, er hörte, wie sie sich lange stritten: die Stimme der Mutter wechselte den Platz, sie knirschte schrill und beherrschte die gleichmäßige, ein wenig traurige Stimme des Vaters. Sie wiederholte unaufhörlich das Wort »fummeln«.

Alle wußten es schon: der Kohlenhändler verteilte durch das Fenster im Erdgeschoß »Gänsespiele«, große Pappscheiben in bunten Farben, auf denen eine Deutschlandkarte aufgedruckt war, eingerahmt von Bildchen mit Szenen in düsteren Farben, grün, blau, braun. Das Fenster lag tief in der Backsteinwand, und der Kohlenhändler mußte weit die Arme ausstrecken, um seine Pappscheiben zu verschenken, denn in Norddeutschland gingen die Fenster nach draußen auf. Die Kinder kamen nach Schulschluß nacheinander herbei: ein Ranzen auf Beinen, und jedesmal war es die gleiche Verwunderung, ein Gegenstand so auf einem Rücken. Als er nach allen andern ans Fenster trat, zog der Kohlenhändler die beiden Fensterflügel zu sich heran und sagte dazu: »Du, du kriegst keine, du ...«

Die beiden Fensterscheiben spiegelten Bäume und dahinziehende Wolken wider, dann kam, ununterbrochen, das gleiche Stück Himmel, feststehend, reglos. Eine Lust zuzudrücken überkam ihn, unter seinen Fingern einen Hals zu spüren, der nicht mehr schlucken konnte: eine schwere, randvolle, in ihm festgenagelte Kiste, der Haß zerschnitt ihm den Körper.

Er ging, als sei er ein anderer: das Fenster war geschlossen worden, man hatte gesagt: »Du, du kriegst keine ...«

Links reichten die Felder bis zur Straße. Das Haus der Schröders war das erste, das die Felder unterbrach, es markierte den Anfang eines anderen Ortsteils: Prahlsdorf, niedrige Häuser mit großem, dreieckigem Giebel, von der Straße etwas zurückgesetzt. Mit wenigen Schritten gelangte man vom flachen Land zu Erhöhungen, zu Gärten, Zäunen, Häusern: man kam durch Teilstücke von Orten, wo von einem zum andern nichts einander ähnlich war. Einige Schritte genügten.

Neben dem Haus der Schröders waren die Treibhäuser zwischen den dunkelfarbenen Metallrippen mit feststehendem Glas bedeckt, es herrschte eine gleichbleibende Wärme, mit einem kompakten, etwas schweren Geruch darin, in dem man das Gefühl hatte, ganz eingebettet zu sein. Auf Holzgerüsten wuchsen hier Blumen und Sträucher höher als man selber.

Die Schröders hatten einen richtigen Weg mit Kuhlen und Rändern, und doch war er auf ihrem Gelände und führte nur zu ihrem Haus.

Sie waren im Erdgeschoß und saßen gerade beim Essen, er hatte noch nie jemanden im Erdgeschoß essen sehen, eine Armlänge von draußen entfernt. Ihre Füße warteten, während sie oben drüber aßen. War er gekommen, um sie wissen zu lassen, daß nicht er es war, sondern ein anderer? Vielleicht würde der Kohlenhändler kommen und alles erzählen?

»Wir essen Elefantenfleisch«, sagte einer der Schrödersöhne durchs offene Fenster zu ihm.

»Sie Arschloch, Sie!«

Vor ihm stieß das Zimmer vor, als ob das Draußen in einen dunklen Raum gezogen worden wäre.

Genauso wie die andern hörte er die Beleidigungen mit, die aus seinem Munde kamen.

Das Haus der Schröders hatte sich in der Zwischenzeit nicht verändert: das Dach, die Mauern, die niedrigen und geöffneten Fenster *Seite an Seite.* Der Gärtner kam aus dem Haus: die grüne Tür verschwand, und für einen Augenblick nahm er ihren Platz ein mit einem kleinen Zwischenraum auf jeder Seite: er trug eine lange, gelbe Weidengerte in der Hand.

Einer der Schrödersöhne packt seine Hände: ein Kreis schließt sich um seine Handgelenke. Sein eigener Vater hat ihn zu den Schröders gebracht. Die Deutlichkeit ringsum, alle Gesichter: die Frau des Gärtners, die beiden Töchter waren ebenfalls herausgekommen, sie hatten sich so hingestellt, daß sie einander nicht störten: an der Wand eine Hacke, deren Stiel oben ganz glatt, glänzend, blankgescheuert war. In der Erwartung der Schläge zieht sich der Körper zusammen, dann, zugleich ziehend und breit wie loderndes Feuer, weil die Gerte so schmal war, bereits der zweite Schlag. Ein einziger Gedanke: nicht schreien; er mußte von innen gegen die Kehle drücken, die Stimme zurückhalten, sich auf die nächsten Schläge vorbereiten. Doch plötzlich war der Schmerz stärker, er schrie – er erkannte seine eigene Stimme nicht –, er riß sich von den Händen los, die ihn festhielten. Um ihn herum war alles so, als sei nichts vorgefallen: alle Einzelheiten waren gleichzeitig und hintereinander vorhanden, der Himmel, die Bäume auf der anderen Seite der Straße, abgeschnitten vom Gartenzaun; der Pfad, der den kurzen Abhang hinunterführte.

Die Luft fehlte, man war von sich selber abgerückt, es war niemand da. Die beiden Beine des Vaters, dort vor ihm, die auf ihren Schuhen mit den abgerundeten, gewienerten, lächerlichen Spitzen standen. Der Schmerz war so groß, daß nur dieser Satz zurückblieb: »Wenn er wüßte, wie weh das tut, würde er es nicht tun.« Der Haß brach aus ihm heraus, ergoß sich: zerstören, auf seinem Knie zerbrechen, daß die Knochen krachten. Er begann seinen Vater anzuschreien:

»Saujude, Fickjude, Drecksau, Judensau.« Beleidigungen, von denen er sich erinnerte, sie schon einmal gehört zu haben, und von denen er sich im gleichen Augenblick, in dem er sie hinausschrie, fragte, wo er sie her hatte.

Vor ihm stehend wurde sein Vater allmählich immer kleiner, er schrumpfte zusammen und blieb doch unverändert, aber um einen Hauch kleiner, in seinen eigenen Umrissen schwimmend, als zerfiele er zu Staub: das Nichtwiedergutzumachende.

IV

Das Meer ist auf einmal da, soweit das Auge reicht, senkrecht gegen den Sand stoßend. Manchmal taucht es an den Einschnitten des Geländers wieder auf, in Brusthöhe von der ganzen Breite der Mole abgeschnitten. Der Himmel kommt zu beiden Seiten herunter, gleichzeitig.

Die Erwachsenen sehen das Meer ständig. Man sieht, wie sie es sehen: sie sprechen davon, zeigen darauf, drehen den Kopf nach ihm um. Warum man selber es nicht sieht, kann man nicht erklären. Man muß sich umdrehen, es schwappt nun über das Mäuerchen ganz in der Ferne, aber immer noch unterbrochen von allen diesen Beinen, die weiß gekleidete Körper mit Hut tragen. Ringsum das Nachmittagslicht.

Um ihn zu »beruhigen«, war seine Mutter mit ihm ans Meer gefahren: »Wir werden da ein paar Tage zusammenbleiben«, hatte sie zu ihm gesagt. Sie waren am Nachmittag angekommen, und sie war mit ihm auf der Mole spazierengegangen. Hinter der Schaufensterscheibe kehrte die Spiegelung das Meer um, und der Himmel wurde vor dem dunklen Innern dünner: die kleinen Autos standen nebeneinander auf dicken, grünen Glasscheiben. Der Finger seiner Mutter zeigte auf das Auto daneben; er hatte so darum gebettelt. Nachdem das Läuten der Türglocke verklungen war, zeigte dieselbe Hand vom Innern aus auf das Regal.

Es war aber das andere, viel schönere, glänzende Auto, das der Junge unaufhörlich angeschaut hatte, das mit der geschlossenen, viereckigen Fahrgastkabine, die vom offenen Fahrersitz getrennt war. Die sehr lange Motorhaube mit den verchromten Kompressoren, jeder einzeln liegend, verjüngte sich nach vorn zu. Er schämte sich, daß er es haben wollte, und doch sah er nichts anderes als dieses Auto, deutlich, unvergeßlich, dort hinter der Schaufensterscheibe, immer noch auf dem Glasregal stehend, und das ganze Leben hing davon ab.

Neben ihm, vor dem riesigen Hintergrund der Sonne, das weiße Kleid der Mutter, sie beugte sich über ihn, aus dem blendenden Geflimmer tauchen Passanten auf, hohe, auf ihn zukommende Gestalten, in Schulterhöhe verschwinden sie plötzlich, fortgerissen, und wenn man sich umdreht, sind sie nicht mehr da. In seiner Faust das kleine Auto, ein BMW-Kabriolett, die Fingerknöchel erraten die Form und dieses Bedürfnis – in seiner Brust – damit zu spielen, sobald es auf dem Mäuerchen fahren würde: augenblicklich würde die Welt sich legen, wieder ruhiger werden, würde wieder gleichmäßig werden. Das Auto war ebenfalls schön, man brauchte nur das andere zu vergessen

»Wie unbescheiden du doch bist!« hörte er neben sich sagen.

Er hatte also laut gesprochen: die Augen schließen! Wenn man das Heck des kleinen Autos ein wenig aus der Faust heraussehen ließ, könnte man damit wehtun. Er schlug aus Leibeskräften zu: man schob seine Hand weg, er trat mit den Füßen – bemühte sich, mit der Spitze zu zielen –, bei allen Bewegungen hatte er immer die Genauigkeit im Kopf: wo es am wehesten tut, weiß man.

Schon machten die Körper halt, blieben stehen, Nacken wurden Gesichter , die zu ihm hinschauten. Sein Arm spannte sich und wartete auf den Augenblick, in dem der Boden aufhören würde, Sand zu sein, um wieder zu breiten Steinfliesen zu werden: mit aller Wucht schmiß er das neue kleine Auto auf den Boden, so daß es fast auf der Stelle auseinanderflog: die beiden Kotflügel, über die der Finger so gern geglitten war, einer der Pfosten der Windschutzscheibe, die Stoßstange und der Kofferraum: die silbrige Porosität des auseinandergebrochenen Metalls unterbrach die Formen des Autos, die plötzlich für immer durchhauen waren. Jäh kamen die Tränen; zu spät nun die Verzweiflung. Wenn es doch nur nicht zu spät gewesen wäre. Noch der Augenblick davor sein, noch das kleine Auto in der Hand halten können! Da war nicht einmal mehr Kummer; er war nur noch zusammengeschrumpft, winzig, zwischen Daumen und Zeigefinger, ein Figürchen ganz oben auf seinem Kopf.

Die Mutter hatte ihn verraten. Man war nicht wieder mit der Eisenbahn gefahren. Sie hatte ihn ins Kinderheim begleitet: eine Villa, aber hohl, ohne Möbel, abgenutzt, wo die Fenster täuschten: sie gingen nur auf leere Räume. Ein Garten mit kurz geschnittenen Sträuchern ging aufs Meer hinunter: eine Holztür unterbrach die Hecke. Plötzlich war seine Mutter nicht mehr da gewesen, und trotzdem war das Zimmer, in dem sie sich aufgehalten hatte, immer noch dasselbe.

Und Kinder überall, von der gleichen Größe, über deren Schulter hinweg man die übrige Landschaft sah. Immer waren sie vor ihm, er entging ihnen nicht, ein Kreis, der nichts durchließ. Sie gaben ihn nicht frei, lösten einander ab: er hatte nicht einmal Zeit für seinen Kummer, für sein Heimweh, diesen Schmerz, nicht zu Hause zu sein, ein Weh in der Brust: man hatte ihn plötzlich hierher gebracht: überall das Meer, das er niemals sah.

Dort, zu Hause, war alles an seinem Platz, und er war nicht dabei: es war, als ob Planken um ihn herum flach auf den Boden fielen. Es gab nur noch ein Gebrüll, ein unheilbares Leid, das sein ganzes Leben lang, das wußte er, andauern würde, wie ein unterirdisches Wasser.

Der andere Junge vor ihm, der auf den Stufen der Freitreppe saß, trällerte unablässig »Memme, Heulliese, Memme, Heulliese« vor sich hin. Der Haß bewohnte ihn, so kompakt, so mächtig, daß eine Bewegung nur ihn stillen konnte: mit der Spitze des Schuhs trat er nach vorn. Es gab ein kurzes Krachen, sehr harte Pappe, in die man ein Loch stößt, und plötzlich, sich aufbäumend, über die Stufen rutschend, sich nur auf die Ellbogen stützend, begann der Junge zu brüllen, wobei er, in der Luft hängend, schwankte, ein gellendes Gebrüll, das nicht aufhörte.

Jemand kam ganz schnell und brachte ihn ins Haus, aus dem nun der Schrei herausdrang, stufenweise gedämpft, wieder lauter, dann wieder schwächer wurde. Er empfand kein Mitleid, keine Scham. Man kümmerte sich nicht um ihn; er konnte im Garten stehenbleiben, von dessen Ende aus er – zum ersten Mal – das Meer sah.

Man ohrfeigte ihn nicht einmal, mit weit ausholendem Arm, wie die Mutter ihn ohrfeigte: die flache Hand klatscht noch vor den Fingern auf den Kopf, ein schwarzer Schub fährt vor den Augen vorbei, und es kommt die Ohrfeige von der anderen Seite, parallel: der Kopf ist voller Pfeifen, ohne jeglichen Schmerz. Vor ihm, wie mit etwas anderem beschäftigt, trällert die Mutter ein Lied, während sie weiter ohrfeigt – immer ist es Mozart, lebhaft und heiter mit Begleitung von Lippengeräuschen.

Dann, die Ellbogen vor dem Kopf, lief sie durch die offenen Türen von einem Zimmer zum andern, man sah sie dabei im Profil, und schrie: »Ich habe mein Kind geschlagen, ich habe mein Kind geschlagen!«

Er konnte im Garten bleiben, den man eigens für ihn von den anderen Kindern geräumt zu haben schien. Das Wetter war grau und hoch, ein windfarbenes Licht. Er empfand nichts; manchmal kam jemand vorbei und sagte: »Du hast ihm das Bein durchgetreten!«

Man sah ihn genau an, den Kopf in der Verlängerung des Blicks: »Du wirst noch in der Erziehungsanstalt enden«, sagte man jedesmal zu ihm. Erziehungsanstalt: ein großes Gebäude mit weit auseinanderliegenden Fenstern, eines über dem andern in den Backsteinwänden: im Halbdunkel Kinder mit nackten Schultern; das grüne Tor würde vor ihm aufgehen, man würde ihn packen, man würde ihn auf einen Bock binden. Das Wort ließ jedesmal die gleiche Verwunderung entstehen. Er würde in langen, auf baumbestandene Höfe gehenden Gebäuden wohnen. Man würde über ihn verfügen.

Er empfand nur ein merkwürdiges, ein wenig schales Wohlbehagen, das der Landschaft Deutlichkeit verlieh. Als sein kleiner Neffe gestorben war, hatte er auch nichts empfunden, und dabei war er die Ursache seines Todes.

Vielleicht hatte sich einer der schmalen Gummireifen, die die runden Räder wie Baumscheiben umgaben, vom Kinderbett gelöst? Er hatte ihn sich um den Hals gehängt und zu dem Baby, das in einer Ecke des Bettes schon vor ihm stand, gesagt: »Schau her, ich habe einen schönen Reif.« Er war stolz darauf, nicht mehr klein zu sein, über die Dinge zu entscheiden.

Einige Augenblicke später hatte man den Säugling gefunden, erdrosselt von dem am Fußende hängenden Reif; später hatte man ihn an das mit weißen Blumen bedeckte Bett geführt. Man sah das leicht violett gefärbte Gesicht des Kindes. Unten waren immer noch die vollen, weißen Räder. Da er nicht weinen mußte, hatte er Angst bekommen, man könne ihn verdächtigen; fast fünfundvierzig Jahre später ist alles noch deutlich und intakt. Alles ist wie damals, das Licht, die Beschaffenheit des Reifens und der gierige Blick auf diesen kleinen Toten, der er gern gewesen wäre, um stolz darauf sein zu können, tot zu sein.

Er sah den Vater im Profil kommen: die Latten des Zauns huschten eine nach der andern über das Schwarz des Anzugs: dieser ganze Körper, der vorwärtsschritt, um ein Gesicht anzubringen! Das kam im Profil und blieb von Latte zu Latte gleich. Der Schädel glänzte, wie ein gewöhnlicher Gegenstand glänzt, er hatte seinen Vater nicht für so klein gehalten. Mit einem Mal stand er ihm gegenüber: er sah ihn sofort, richtete den Blick auf den Riegel, um zu sehen, wie das aufging.

Der Vater tat, als sehe er ihn nicht, es war, als sei er nicht vorhanden.

»Der arme Mann, er wird für alles aufkommen müssen«, hörte er sagen. Er hatte das Bein durchgetreten, und den Vater bestrafte man dafür.

Er war auf die Erziehungsanstalt gefaßt: Bilder, die er im Lexikon gefunden hatte, kamen ihm immer wieder in den Sinn: sie tauchten plötzlich auf, er kam in allen vor: nackt, hängend, Foltern ausgesetzt, bei denen man ihn kniff, langzog, mit Nadeln durchbohrte, auspeitschte, doch ohne daß je ein Tropfen Blut kam, er blieb immer glatt. Seine Augen trübten sich, als er sich die Rundheit seiner Schultern vorstellte.

Man blieb noch eine Zeitlang am Meer: Niendorf, das war der Name des Dorfes, das er zum ersten Mal sah, und dabei war er schon seit Tagen dort in Pension. Nichts kündete das Meer an: in einigen Schritten Entfernung schnitt es den Gemüsegarten ab, bis ans Ende des Festlandes.

Auf der anderen Seite ein dunkles Föhrenwäldchen, in das der Weg hineinführte, ein dunkler Tunnel: er lief mehrmals hinein, um sich darin verschwinden zu sehen, die Passanten betraten diesen Tunnel, und die Dunkelheit schluckte sie sogleich.

Die Mutter kam einige Tage später, mit Bewegungen für ihn, die zu lang waren und zu lange dauerten. Sie hielt den Mund fest an seine Wange gedrückt: man spürte den feuchten Kreis des Kusses, der endlos war. Sie legte ihm die Hand auf die Schulter und drückte mit jedem Finger einzeln zu, zeigte deutlich ihre Zuneigung. Sie spielte begeistert, eifrig Ball mit ihm, er fing nie, gelähmt, erstarrt angesichts dieser schwingenden Arme, dieser falschen Gebärden, die nur für ihn gemacht waren. Und sie ging weg, die Ellbogen an jeder Seite des Kopfes, lief die hölzerne Außentreppe hinauf und rief: »Der Kleine ist verrückt und so unkonzentriert.«

Am Morgen zerschnitt die noch waagrecht stehende Sonne die nächtlichen Schatten künftigen Lichts; sie ging mit ihm in den hinteren Teil des Gartens und ließ ihn die Blumennamen hersagen. Es war nicht seine Mutter, sie war in diesen Körper geglitten, der nicht mehr sie war. Sie spielte ihm Zuneigung vor, stand mit einem Satz auf, sie warf sich über ihn und drückte ihn aus Leibeskräften in die Arme, er spürte, wie ihre Muskeln zitterten, so stark drückte sie ihn, und er, das Gesicht an der schwarzen Kälte des Satinkleides, wartete. Und doch hatte es das schon gegeben, hatte er seinen Kopf an den warmen Körper der Mutter gedrückt, dessen feste Formen sich seinem Gesicht anschmiegten: der trockene Boden, der scharfe Himmel, dann schloß man die Augen vor der schwarzen

Sanftheit, die den Kopf einschloß: er hatte sich hinter sich selber gehen lassen, unten seine Schritte hörend, während der obere Teil des Körpers schon weiter weg war. Das Gesicht der Mutter, sehr viel höher, der Marschrichtung zugewandt, der Kälte ausgesetzt: sie, die Mutter, endete mitten in der Luft, war oben bloß, während er darin enthalten war, kleiner in einer größeren Form seiner selbst: er war die Dunkelheit dieses Körpers, dieses Pelzmantels, dessen Volumen er um sich herum spürte und der ihn hinter sich herzog und alles für ihn tat, die Hindernisse erriet.

In jenem Winter war sie mit ihm zum Rodeln gegangen: bei der Abfahrt in die Talmulde waren die Abhänge steil genug, um Tempo zu bekommen: ihren Rodelschlitten ziehend, der ihr *folgte,* drehte sie oben auf dem Abhang den Schlitten um, und er setzte sich hinter sie, die schräg der Außenwelt ausgesetzt war. Unablässig ging es hinauf und hinunter: sie lachte, damit er lache. Der Schnee zog unter den Latten des Rodelschlittens vorbei, und er stellte sich vor, ein anderer zu sein, am Rande des Wegs, der sie beide gerade vorbeifahren sah, mit steifen Armen und beide zusammen von den Unebenheiten des Abhangs gerüttelt.

Es konnte gar nicht sein, daß dieser Körper, der unter anderen Kindern auf dem Schlitten dahinsauste, seine Mutter war: warum war sie vor den andern seine Mutter? Mit aller Kraft warf er einen Schneeball nach ihr, er platzte mitten in ihrem leuchtenden, strahlenden Gesicht; doch im selben Augenblick wurde es wieder zum Gesicht der Mutter, erfüllt von Trauer. Und er wußte: irgendwann, wie es die Umwege der Erinnerung wollten, würde er das von Kummer erfüllte Gesicht der Mutter wiedersehen, in dem der Schneeball sternförmig auseinanderplatzte, für einen Augenblick nur, ohne Dauer und dennoch ein für alle Male fixiert. Vielleicht tat man bestimmte Dinge, um sich für immer daran zu erinnern: so etwa das Geräusch seines Schuhs, der an das Bein trat, ein leises, dumpfes, gedämpftes Geräusch, das in ihm bleiben würde, das er immer wiedererkennen würde, ohne es auch nur zu hören.

Nachdem das Wäldchen durchquert war, hinter dem hellen Geviert, das sich am Ende öffnete, lag die See da, so weit und umfassend, daß sie sich nach rechts zu neigen schien. Still, ganz fern am Horizont, standen schmale Wolken darüber, vielleicht standen sie schon über Landschaften, hinter dem Horizont; die See schlug zögernd vor sich hin, für eine unendlich kurze Zeit in der Schwebe, bevor sie wieder auf den hellen Sand zurückfiel: alle Tropfen, Wasserblasen, alle gleichmäßigen, glänzenden Wasserhänge hätten so Jahrtausende auf dem Kamm ihrer selbst dauern können, und doch waren sie sogleich zusammengestürzt, während sich bereits eine andere Welle bildete, die auf eine lange, glatte Mulde folgte, eine Wasserfläche, in der sich der Himmel spiegelte. Und alles zerbrach im gleichen, unaufhörlichen Lärm unter dem unendlich stillen Himmel.

In ihrer Abwesenheit war das Haus unverändert geblieben: war also während der ganzen Zeit da, ein Haus. Es stand in seiner Gänze, mit einem einzigen Blick erfaßt, etwas düster gelb unter dem hellen Himmel, es hätte genausogut von andern bewohnt sein können.

Im Garten schon fing alles wieder an, er hörte die Rufe der Mutter, von Fenster zu Fenster. Sie rief ihm zu, er solle zum Bahnhof gehen, um Bescheid zu sagen. Er kam immer lange vor ihr an. Auf der anderen Seite der Gleise begann wieder die Landschaft. Der Zug war schon da, als die Mutter erst mit dem Fahrrad ankam.

An diesem Tag, dem Tag nach der Rückkehr vom Meer, kam sie noch später als sonst: die Zugtüren standen weit offen. Sie ließ die Lenkstange los, als wolle sie noch lauter schreien, und brüllte, an den Jungen gewandt:

»Sag ihm, er soll warten!«

Und diesem Zug mit allen seinen Fenstern und seiner Lokomotive davor mußte man sagen, er solle warten!

Vom Bahnhof aus gesehen legte sie sich nach

links, nach der Seite des Schattens. Während sie sich völlig gleich blieb, fiel sie auf den Boden; Funken sprühten von der Pedale, die schräg auf das Pflaster auftraf. Mit angewinkelten Beinen, als ob sie am Strand läse, rutschte sie auf dem Bauch dahin; vom ganzen Platz aus sah man ihre Sohlen. Die Türen, die geschlossen wurden, schlugen eine nach der andern zu, der Lärm des Zuschlagens überlagerte sich manchmal. Und während der Bewegungslosigkeit des Wartens stand der Kontrolleur nach wie vor im Schalterhäuschen, in dessen Innern er sich dunkel abhob.

Das Lachen schlug so heftig aus ihm heraus, daß ihm die Augen tränten, ein Lachen, das von dem kleinen, rechteckigen Gebäude der Bahnhofswirtschaft zurückgeworfen wurde: die drei Fenster mit ihren weißen Pfosten in T-Form standen nebeneinander vor dem Lachen.

Er sah, wie sie sich hinkend über den Platz entfernte, jemand neben ihr schob ihr Fahrrad. Der Zug, sehr fern schon, dröhnte, ein dunkles, dünnes Geräusch, ein Strich, auf dessen beiden Seiten sich nach wie vor die weiten Ebenen erstreckten.

Und wieder das Haus, als er heimkam: still stand es da von Zimmer zu Zimmer auf sich selber, die Veranda, in der man fast noch draußen war, dann, nach der Milchglastür, die kurze Holztreppe, die zur düsteren, grün tapezierten Diele führte. Weiße Möbel standen da an der Wand angelehnt, absurd, einem gegenüber, wenn man sich nach ihnen umdrehte.

Der Vater war plötzlich da, er mußte seine Bewegungen schon im voraus vorbereitet haben, er packte ihn an beiden Handgelenken, drückte sie gegeneinander: das Kind spürte, wie hinter dieser kreisförmigen Umklammerung die Masse seines Körpers an ihm herabglitt, allmählich deutlicher wurde, es kam ihm vor, als entwickle sie sich hinter ihm, trete hervor: es schloß die Augen, es war schon nackt. Der düstere Kubus der Diele erstreckte sich leer und nutzlos bis halb zur Treppe; das Fenster wartete albern zwischen Wand und Decke.

Auf den Zehenspitzen stehend, versuchte der Vater den Rohrstock zu greifen, der auf der weißgestrichenen Kredenz lag, seine Finger tasteten; vielleicht war er an dem Tag verrutscht, an dem er, Arthur, in der Stille des Nachmittags auf den Stuhl geklettert war, den Stock hochgehoben, ihn zwischen Daumen und Zeigefinger genommen und damit die Luft gepeitscht hatte, wobei er ihn von seinem Finger abprallen ließ: eine Trunkenheit hatte ihn überkommen, alles hatte sich gedreht. Die Luft enthielt ihn bereits im voraus, er war schon so, wie er die Zukunft erleben würde: ausgeliefert, tränenüberströmt, außer sich vor Scham, soviel zur Schau gestelltes Weiß, flehend unter den Blicken aller und doch wissend, daß er der Einzige ist, der so bestraft wird. Er begann zu brüllen, als ob ihn andernfalls sein Schweigen anprangern würde.

Auf fast allen Stufen gleichzeitig, kippte die sehr hohe Stimme seiner Mutter um:

»Dieses Kind rührst du mir nicht an!«

Türen schlugen zu, jede eine lange, helle Schneide, es waren mehrere, die sich gegenüber standen, dazwischen die leere Diele. Die Schreie des Streits entfernten sich hinter den Türen, kamen wieder näher, entfernten sich dann von neuem: immer in dieser fremden Sprache: er hatte erraten, daß es englisch war. Dann durchquerte einer die Diele, hinter ihm der andere. Alle Türen gingen gleichzeitig auf und zu; hohles Klatschen und ringsum das ganze Haus.

Es hatte diese Nachhausewege von der Schule gegeben, wo man sich von Strauch zu Strauch verstekken, Umweg über Umweg zurücklegen mußte, um den Verfolgern zu entgehen. Und doch, wenn man manchmal nachmittags wieder an dem einen oder anderen Haus vorbeikam, dann erkannte man diese hohen Stimmen nicht mehr, die jetzt flehten, bettelten, während eine andere, tiefe Stimme befahl. Man zitterte am ganzen Körper, aber dennoch floh man, sobald das Heulen einsetzte: der köstliche Schauder, auf frischer Tat ertappt zu werden.

Auf dem Heimweg preßte man das Ohr an das Holz der Hochspannungsmasten, und mit geschlossenen Augen hielt man das ganze Aufschießen des Masts in den Händen, der schon mitten im Himmel war, und das zugleich sehr ferne und sehr nahe Geräusch, im Innern des Holzes, war ein Geräusch der Distanz, ein Geräusch von unermeßlichen Weiten.

Entlang der Landstraße sah man an jedem Mast einen Schüler, den Ranzen auf dem Rücken, vornübergebeugt, als sei sein Rücken ebenfalls von der Geschwindigkeit des Gesangs gefangen, der durch die Masten ging. Dann liefen sie über die ganze Breite der Landstraße nebeneinander her; nach einigen Schritten, hinter einer unsichtbaren Grenze, war man im Dorf: Prahlsdorf, mit einigen langen Schritten hatte man ein Haus hinter sich gebracht, man kam vom Weiträumigen zum Engen, vom Draußen zum Drinnen: und gerade das war das Unbegreifliche, ein Schritt, und man gelangte vom Schuppen zur Weite des Himmels.

Wenn er nun von der Schule nach Hause ging, etwas abseits von den andern, konnte er seinen Blick nicht von denen lösen, die was »abbekommen« hatten. In ihren Bewegungen war so etwas wie ein Rest von Flehen oder von Gebärden, die sie gemacht hatten, während man sie bestrafte: sie dachten unaufhörlich daran, das saß in ihnen fest, der Schmerz hatte sie vor allem erstaunt, wie die Kühle der Außenwelt, die ihre nackte Haut umgeben hatte. Die Unbeholfenheit ihrer Stellung und der Wind der Weidengerte, ein dünnes, flaches Pfeifen. Sehr groß schon, sie waren vierzehn Jahre und älter, hatten sie die Statur von Erwachsenen; er wunderte sich, daß sie, obgleich noch Kinder, schon so groß waren.

Nachmittags hörte er manchmal, wie man von ihnen sprach und sich erzählte, was sie noch erwartete, es war auf der Landstraße zwischen den beiden Ortsteilen, wenn er zurückkam, nachdem er den Reisen des Windes in den Hochspannungsmasten gelauscht hatte: mit aufrechtem Gesicht, ohne den Kopf zu bewegen, gingen sie an der Seite ihrer Väter nachdenklich dahin, ihrer Väter, die sie heimbrachten, um sie zu bestrafen. Mitten im Wind, in dem unermeßlichen Außenraum, war es immer die Stimme des Erwachsenen, der man lauschte, und doch sah es so aus, als hörte man den Gesang in den Masten.

»Dir wird noch Hören und Sehen vergehen. – Du wirst die Engel singen hören. Auf den Bloßen hast du es, daß es rauchen wird!« Das sagte der Mann zu dem Jugendlichen, den er mit ausgestrecktem Arm vor sich herführte; eine Sanftheit ging von diesem Körper aus; er hatte fallende Schultern, breite Hüften. Er kannte diesen Jungen, sie hatten zusammen gespielt: er war sechzehn Jahre alt und hieß Hans-Joachim. Er kam von der anderen Seite der Landschaft, aus Richtung Norden, dort wo der Himmel zur Erde herabkam und die Landstraße von etwas zurückliegenden Holzzäunen gesäumt war: mit Dachpappe gedeckte Verschläge standen dahinter, in denen man die Gartengeräte abstellte; es herrschte dort ein düsteres und gleichmäßiges Licht.

Und doch, eine Bestrafung hätte vielleicht dieses Korsett gelöst, das seine Brust einschnürte: er hatte gelacht, als er die Mutter fallen sah, und sie war die Treppe hinuntergestürzt, als der Vater den Rohrstock zu holen versuchte. Und ihr Knie, das sie sich am Bahnhof aufgefallen hatte, das sah er von vorn, er sah, wie das Loch im Strumpf an den Rändern des blauen Flecks ausfaserte. Es war lächerlich, daß die Erwachsenen die gleichen Wunden haben konnten wie die Kinder.

Die Badewanne stand auf weißgestrichenen, gußeisernen Klauen; von der Wand abgerückt, hohl, weiß, gleichzeitig auf ihren vier Füßen; unter ihr erstreckten sich die roten Fliesen. Zu groß, füllte sie sich selber mit Wasser.

Mit einer Hand, nach vorn gebeugt, drehte die Mutter am gleichen Abend einen der Hähne auf, und mit der andern, als wolle sie keine Zeit verlieren, ruderte sie mit ausgestrecktem Arm im Wasser, um die Wärme gleichmäßig zu verteilen. Dabei rutschten ihre beiden nebeneinander stehenden Füße ganz unmerklich ab, die runden Spitzen kamen immer näher an den schwarzen Strich, der zwei rote Fliesen voneinander trennte.

Plötzlich sah man alle Teile ihres Körpers, so, als würden sie schneller werden, damit keines dabei fehlte, eines nach dem andern hineinfallen, der Körper hielt sich einen kurzen Augenblick lang in der Waagrechte, das Wasser um ihn herum richtete sich auf, noch nicht geschlossen, noch nicht zusammengefallen. Die Mutter schien zu warten, bis sie auf dem Boden der Badewanne angelangt war, bis sie in ihrer ganzen Länge drin lag, um sich glänzend, wie gelackt, wieder zu erheben, ihren eigenen Formen nachgebildet: die Hände flach vor sich ausgestreckt, dann plötzlich aufrecht stehend mit all dem Wasser, das von ihr abtropfte. Sie schrie vor Überraschung und Scham und verschwand, geschmeidig, funkelnd.

Da packte ihn ein Lachen, ein Lachen, das nichts mit ihm zu tun hatte und das stoßweise aus ihm herauskam, während das Wasser großflächig in der Badewanne hin- und herschwappte. Es zeichnete die etwas bläuliche und in sich selbst gebogene Form der Wanne nach und floß an einem Ende in eine leere Röhre ab, die durch sie hindurchging und sich je nach den Schwankungen der Masse bog. In der Mitte führte so bis zum dunklen Abfluß dieser runde, glatte, im Innern vollkommen trockene Wasserwirbel hinab. Vielleicht verlief sich das Lachen auf demselben Wege.

Die einzelnen Straßen und Häuser, die Anton täglich wiedersah, waren das Bleibende in seinen Vorstellungen, woran sich das immer Abwechselnde in seinem Leben anschloß, wodurch es Zusammenhalt und Wahrheit erhielt, wodurch er das Wachen von Träumen unterschied. In der Kindheit ist es insbesondere nötig, daß alle übrigen Ideen sich an die Ideen des Ortes anschließen, weil sie gleichsam in sich noch zu wenig Konsistenz haben und sich an sich selber nicht festhalten können.

Karl Philipp Moritz: *Anton Reiser.*

V

Die Landstraße trennte zwei Räume voneinander, auf der einen Seite tauchten Bäume oder Häuser aus der Ebene auf, in der Ferne wie vom Horizont durchschnitten, auf der anderen Seite, gegenüber, dichter Pflanzenwuchs, in den man die Häuser hineingebaut und damit den Wald gelichtet hatte.

Über der Ebene setzte stockweise der Wind ein. Die Baumkronen dehnten sich plötzlich nach einer Seite, zitterten, fielen in ihre alte Form zurück und ragten von neuem in die Höhe. Im Herbst, nach der Ernte, hörte der Wind dann nicht mehr auf. Man konnte mitten über die Felder laufen wie über das Meer, nirgends blieben die Drachen mehr hängen.

Seinen trug man mit ausgestrecktem Arm, so eilig hatte man es anzukommen, und doch blieb einem noch genügend Zeit, sich darüber zu wundern, daß er so groß und zugleich so leicht war. Das Papier des Drachens war so gespannt, daß es unter den Fingern hohl klang. Abends, wenn der Wind gleichmäßiger wurde, liefen vornübergeneigte Kinder mit ausgestrecktem Arm unter diesen gelben, roten, grünen oder blauen Flügeln dahin, deren Schwänze am Ende wie die Zöpfe der Mädchen mit Schleifen und Bändern versehen waren. Die Schnur wurde ruckweise abgewickelt: zwei-dreimal wurde das kleine Papierknäuel um sich selber gedreht, was jedesmal eine kleine Lockerung zur Folge hatte, wonach sich die Schnur sofort wieder spannte, und während der Wind von unten ansetzte, entfernte sich der Drachen jedesmal ein Stück weiter, folgte der Windrichtung, drehte sich um sich selber, trudelte, sackte ab und stürzte zu Boden, und wie von der Angst entzweigeschnitten lief man auf den Drachen zu, der in einer Erdscholle steckte. Und jedesmal war das Wunder das gleiche: trotz des zurückgelegten Weges war der Drachen unversehrt. Allmählich gewöhnte sich die Hand daran, und bald hatte man, auf dem Boden liegend, diese ganze Entfernung auf dem Gesicht, das Vibrieren der Schnur, die Hand am Kinn, hob oder senkte es über die ganze Länge hinweg, als sei das Gewicht Entfernung geworden. Man zog ein wenig, und der Faden verlängerte die Bewegungen, der Drachen schwang sich empor oder kam herab, trieb in Handrichtung ab: er zeigte so über der Landschaft auf die maßlos gewordenen Bewegungen der Kinder.

Der Drachen ging direkt vom Körper aus, die gespannte Schnur drückte sich ins Fleisch der Finger ein, und wenn er daran zog und leicht den Körper hob, stellte man sich den Horizont von oben gesehen vor, ausgebreitet über den Feldern, den Waldrändern, den Straßen, die man noch nie gesehen hatte. Manchmal änderte sich der Himmel, ein rascher Schatten zog vorbei, der Drachen hielt die Sonne wie die Flugzeuge, die am Himmel über den Gewittern hinwegfliegen.

Langsam kam man in Zweier- oder Dreiergruppen auf den dunklen Erdwegen zurück; am Anfang der Landstraße hielt man noch das Ohr an die Telegraphenmasten, um dort die zahllosen sich kreuzenden Stimmen zu hören, die, von überall hergekommen, vielleicht durch ganz Deutschland miteinander sprachen.

Über Schleswig-Holstein hörte der Wind nicht auf. Er blies in langen Böen und trieb die ganze Landschaft in die gleiche Richtung. Ließ er für einen Augenblick nach, setzten die runden Wolken über den Baumkronen ihren Weg mit derselben Geschwindigkeit fort. Ein schon gelbes Blatt hatte sich auf das Gesicht oder auf den Körper gepreßt, ein winziger Schrecken. Dann wieder kamen die Blätter von weit her, schwarze Punkte am hellen Himmel, plötzlich umgedreht und von den Bäumen zurückgehalten. In den Gärten bildeten sie am Fuße der Stämme weite rote und gelbe Kreise.

Am Saum der Buchenwälder entdeckte man diese ein wenig hohlen Stellen, wo sie sich auftürmten, und der Körper, wenn er hinter dieser leichten Dichte herjagte, verspürte in Brusthöhe eine Lust, eine Macht. Man war das Vordersteven eines Schiffes. Die Blätterschichten blähten sich, drängten sich zusammen, lösten sich dann auf, wenn der Fuß durchgeschoben wurde, und hinter einem blieb die dunkle, glänzende Spur aufgewühlter Blätter zurück. Manchmal reichte die Höhe der Blätter, feucht und luftig, fast bis zum halben Bein, eine kalte Umarmung.

Der Wind stieß im Garten auf die Blätterfeuer, er flachte ihre Seiten ab, schlug rote Schneisen hinein, aus denen mit dumpfem Pfeifen die Flammen hochschlugen: im Innern standen weißglühende Blätter aufrecht. Sie hatten ihre Form bewahrt: mit Zwischenräumen, wie anderswo, als würden sie nicht brennen. Hier wurden Kartoffeln gebraten, sie warteten ganz unten, und ihre Form war in der Glut gefangen.

Man aß sie lange danach. Ihre Kruste, dick, voller Asche, zerbrach, und es waren immer Sommerbilder, die zurückkamen.

Der Sommer: man schämte sich so sehr, daß da vor einem der Körper der Mutter auf soviel Schmalheit saß. Wie stellte sie es nur an, mit ihrem ganzen Kleid, diesem ganzen Rücken, auf diesem hellbraunen Strich, der über den seidenweichen Sand flitzte, Platz zu finden? Die Tretkurbel knarrte, das Kleid flatterte gegen das Netz des Hinterrads; um sich nicht abhängen zu lassen, radelte er im Stehen.

»Hoffentlich ist da niemand!« rief sie und drehte sich nach ihm um, während das Fahrrad weiter vorwärts fuhr. Die Räder mußten über die Wurzeln geschoben werden, und man hatte den glatten, glänzenden Sattel vorm Gesicht, der sich nach vorne zu verjüngte, geformt vom Reiben des Körpers. Einen Augenblick lang wurde man selber dieser Sattel: an seiner Stelle von warmer Sanftheit eingeschlossen: eine plötzliche Unruhe ließ das Kind zusammenfahren; irgendwo, aufgespart, diese Möglichkeit, ein vielleicht zukünftiges Bild: diese warme Nacht würde sein Gesicht einhüllen, und während sein Mund wie im Spiel die Luft durch die Lippen hindurchgleiten ließ, schmiegte sich die sanfte, feste Haut eng um ihn.

Der Thron stand am Ende einer riesigen Buche, deren Wurzeln einen Sitz mit zwei Lehnen bildeten, auf die man die Arme legen konnte. Davor erstreckte sich, rund und plötzlich, der Teich mit seiner ganzen Wasserfläche von einem Ufer zum andern. Die Äste darüber schossen still hervor, tauchten tief ins Wasser hinab und setzten sich fort, unter der grünen Fläche verkrampft.

Man mußte lange bleiben. Die Mutter wollte, daß er »genau« hinschaue, es war eine Landschaft wie in den Märchen der Brüder Grimm, die sie ihm am Abend vorlas. Man stieg in düstere Keller hinab und gelangte unterirdisch zu blühenden, sonnenbeschienenen Wiesen.

Die leichte Angst löste sich beim Geräusch des

Papiers auf, in das die Schwarzbrotschnitten eingewickelt waren: essen war köstlich, die Zähne zerteilten die sanfte, glatte Weichheit des Eiweiß', dann erfaßte die Zunge die pulverige, trockene Weichheit des Eigelbs und zerdrückte sie am Gaumen, und der Körper spannte sich bei diesem Geschmack, der den Mund ausfüllte. Manchmal ging man mit der ganzen Familie zum Picknicken dorthin, und er schämte sich dann, wenn er die Stelle wiedererkannte, ein Ort aus Karton mit künstlichen Wurzeln, viel zu klein für so viele Leute. Es dröhnte überall, die Stimmen hallten an den Stämmen wider, die Tanten und Kusinen sprachen laut, als ob sie in ihrem Wohnzimmer seien.

Zwei- oder dreimal ging man im Sommer auch nach Glinde Spiegeleier essen: der Name Glinde hatte einen Klang nach Ferne. Es war ein Dorf in einer Ebene, die ein wenig abfiel; auf dem Hinweg hatte man die Sonne im Rücken, und die Landschaft war sehr leuchtend.

In Glinde gab es ein Gartenlokal mit viereckigen Tischen unter den Bäumen, mit weißen Tischtüchern, die bis zum Boden gingen; das Gras begann hinter einem grünen Sprossenzaun. Es wurde einem ein viereckiger Teller gebracht mit zwei Abteilungen, von einer Porzellanklinge getrennt; wie konnte Porzellan viereckig sein? Die Bratkartoffeln mit Zwiebeln bildeten einen kleinen Hügel in einer der Abteilungen, die Eier füllten die andere.

Wenn man so draußen zum Essen an einem Tisch saß, unter den hoch oben hinwegziehenden Wolken, wurde man von einem unsichtbaren Stiel festgenagelt, in die Erde gerammt, wurde aufgebläht, wuchs. Der Mund wölbte sich über dem Geschmack des Essens, das von einer Seite des Mundes zur anderen geschoben wurde; man bewahrte den Geschmack am Gaumen, und tastete man mit der Zunge diesen Hohlraum ab, den man in sich selber trug, war es, als erforsche man den Weltraum.

Am Ende des Gartenlokals stand ein gelbes, einstöckiges Gebäude mit abgerundeten Fenstern, eine Nachahmung des Bismarckschen Schlosses Friedrichsruh. Ein Boxkampf zwischen Max Schmeling, dem deutschen Meister, und einem Unbekannten sollte stattfinden.

An diesem Tag brach man schon früh auf, sicherlich, um gute Plätze zu bekommen. Die Bewegungen des Vaters waren anders, heftiger, als verkürze sich damit die Zeit. Er schien zerstreut und drehte sich ständig um. Man fuhr mit dem Rad hin, einer hinter dem andern, auf den schmalen Pfaden zwischen dem Heidekraut. Manchmal wurde das Rad vom Sand gebremst, man trat fester in die Pedale und hatte das Gefühl zu rudern. Der Vater saß mit dem ganzen Körper auf diesem senkrechten Strich, auf dem er sich im Gleichgewicht hielt, doch diesmal stürzte er, er kippte langsam zur Seite, wie ein schrägliegendes Schiff, die Füße immer noch auf den Pedalen, neigt er sich langsam. Er fiel ins Heidekraut, die Hose verfing sich zwischen der Kette und dem Fahrradantrieb. Es war ein Fahrrad mit Rückbremse, die Kette konnte nicht rückwärts gedreht werden. Dabei hatte der Vater es eilig, er wollte Max Schmeling sehen. Das Kind, das sich mit beiden Händen auf seinem Fahrrad hielt, schämte sich; auf dieser ebenen Strecke, wo nichts fehlte, Bäume, Äste, Gras, war ein eiliger Vater hingefallen, ein Herr, ein seriöser Erwachsener wollte einen Boxkampf sehen. Mit abgehackten Bewegungen, gehemmt von der Furcht, zu spät zu kommen, »alles zu verpassen«, wurde versucht, den Umschlag des Hosenbeins freizubekommen. Der Vater antwortete von unten, im Heidekraut sitzend, während man von oben mit ihm sprach. Arthur spürte, wie ihm die Arme am Körper herabhingen. Aus einem nahen Haus brachte man eine Schere und schnitt das Stück Tuch heraus, das in der Kette steckengeblieben war. Im Fahrradantrieb eingeklemmt, drehte es sich während der restlichen Strecke mit.

Durch eine zweiflüglige Tür gelangte man von außen in den Saal. Die beiden Flügel standen dicht beieinander: fast ohne sich der Hände zu bedienen, ging man hinein, und hinter einem schlugen die

Türflügel hin und her, während man schon längst hindurchgegangen war.

Der Boxring lag über den Köpfen, in der Ferne, er schien an die Decke zu stoßen: richtige Seile umgaben ihn, waagrecht, zwischen den Pfosten durchhängend. Plötzlich standen zwei nackte Männer in kurzen Hosen aus glänzendem Stoff da; sie wagten sich so zu zeigen, wie niemand sie sehen dürfte, das Kind fühlte sich aufgespießt, mit gewölbtem Rücken von seiner Bank hochgehoben. Es erkannte sofort, welcher von den beiden Max Schmeling war.

Während Max Schmeling auf seinen Gegner einschlug, blieb dessen Körper unverändert, genau so, wie er zu Anfang war. Es gelang einem nicht, den Blick zu lösen von diesem Gesicht, von diesem Oberkörper, man schwankte, es war ein Schwindel: man brauchte nur starr zu schauen, um sich in einen anderen zu ergießen.

Plötzlich zeichnete sich unter der Nase des Mannes etwas ab, ein Fleck, der auf einmal schneller wurde und rot aufs Kinn tropfte; dabei bewegte der Mann immer noch mechanisch die Fäuste. Das Blut floß stark und umgab seinen Mund. Da begann das Kind zu schreien, als ob eine Riesenblase in ihm geplatzt sei: »Nein, ich will nicht, daß er ihm wehtut!«

Dabei tat es diesem Mann weh, und draußen schien voll die Sonne. Er haßte diesen Max Schmeling. Er wurde weggebracht, weil er schrie. Währenddessen würde Schmeling weiter auf ihn einschlagen.

An der Saalwand wurde er ins Gras gesetzt, die Eltern standen vor ihm; der Vater, den Körper schon leicht zur Seite gewandt, schickte sich an, wieder hineinzugehen, um sich das Ende des Boxkampfs anzusehen. Die Hände um die Knie geschlungen, wußte der Knabe, daß er sich sein Leben lang an dieses Gesicht erinnern würde, an diesen Schmerz hinter der leichten Ausbuchtung der Seile, beim elektrischen Licht, das brannte, während draußen strahlend die Sonne schien.

Und dieser Körper, während man oben auf ihn einschlug, blieb unten so wie er war: die Beine, die Knie, die Schenkel, die genausogut auch einem anderen hätten gehören können und die darauf warteten, daß es mit dem Oben zu Ende ist.

Im Verlaufe der folgenden Tage verlor sich das Bild nicht auf der Oberfläche der Landschaft, es entstand fast von selber immer wieder neu. Einige Zeit danach lag er auf dem Boden im Arbeitszimmer des Vaters, eine ausgedehnte Fläche kastanienbraunen Teppichs: man betrachtete die winzige Ecke, die man zwischen den Ellbogen hatte, und ringsum war überall das gleiche: weiter weg der große Schreibtisch, man sah von unten das helle Holz der Laufschienen der Mittelschublade.

Die Bilderbücher standen über ihm auf Regalen,

man stellte sich ein Haus vor: eine erleuchtete Fassade, an jedem Stockwerk von Bürgersteigen gesäumt. Der Vater brachte diese dicken Bücher mit den glänzenden Rücken eines nach dem andern herunter. Die Hand konnte sich ganz auf die glatte Innenseite des Umschlagdeckels legen, Wellen, Farbkurven liefen dort dahin, mit Dutzenden feiner, nuancierter Striche gezeichnet, die sich unendlich wiederholten. Sie bildeten so etwas wie eine Aufeinanderfolge von Pfauenfedern oder Blumen, ein immer gleicher Ablauf und immer an anderen Stellen.

Er blätterte das Buch ganz schnell durch und ließ die dunklen Bilder vorüberziehen, machte nur bei den hellen Bildern halt, auf denen Städte abgebildet waren: manchmal gab es durch einen Säulengang hindurch winzige Ausblicke, die jedoch zu fernen Horizonten führten, zu Wegen, Wäldern, durch die man hätte laufen können. Manchmal sah man von Brücken überspannte Flüsse, über die bewaffnete Reiter zogen.

Was er am meisten mochte, waren Fotos oder Stiche von Städten unter einem weiten Himmel, wo die Wolken große, landschaftsähnliche Wege zeichneten. Glockentürme – es gab sie wirklich – ragten in den Himmel hinauf, und jedes einzelne, stets sichtbare Detail wurde immer höher verlegt.

Wenn er so ganz schnell das Buch durchblätterte, stockte ihm bei einem dieser Bilder – obgleich es kaum sichtbar gewesen war – der Atem, dabei war es genauso schnell vorübergehuscht wie die andern; selbst wenn er es nicht mehr wiederfinden sollte, wußte er doch, daß er es nicht mehr vergessen würde. Dieses Bild, das er kaum gesehen hatte und das allmählich den Gegner Max Schmelings überdeckte, verschmolz mit ihm, als ob dieses Schauspiel seinem Gedächtnis den Weg gewiesen hätte. »Die vom letzten Mal möchte ich noch einmal betrachten.« Wenn der Vater, glücklich über das Interesse des Kindes an den Dingen der Kunst, ihm das Buch auf den Boden legte, erkannte er es sofort wieder. Und schon, ohne auch nur daran zu denken, eine fertige Erklärung, um die man ihn nicht bat: »Ich vergleiche die Kathedralen!«

Sehr schnell fand er das Bild wieder: unter einem sehr hohen Himmel, der bis zur Mitte eines marmorgefliesten Platzes reichte, ist ein junger Mann von vorn an einen Baumstamm gefesselt, das Gesicht nach oben gerichtet. Vielleicht betrachtet er die Galerie, die jener ähnlich ist, die sich hinter ihm durch das Gemälde zieht und durch zwei Bögen auf die Ferne geöffnet ist. Auf jeder Seite, an Teppiche gelehnt, betrachten junge Frauen vielleicht die an den Stamm gebundenen Hände, die sich öffnen und schließen. Die langen Haare des jungen Mannes hängen ihm über die Schultern – man erschaudert bei dem Gedanken an ihre leichte Berührung –, ein Pfeil durchbohrt seinen nackten Schenkel etwas über dem Knie und dringt in den Baumstamm hinter ihm, ein anderer durchbohrt den Bauch, neben dem Nabel, ein ganz kleiner Blutsfaden, man könnte meinen, er sei schon getrocknet, läuft bis zu diesem ganz kurzen, mit einer dünnen Schnur zusammengebundenen Lendenschurz, mit dem der Jugendliche bekleidet ist. Ganz kleine Sommerwolken ziehen vorüber, eine Frau kommt durch eine der Säulenhallen herein, ein mit einer langen Robe bekleideter Mann tritt ganz hinten ins Bild. Der dicklippige Mund des Jünglings ist halb geöffnet. Sein Gesicht könnte das eines jungen Mädchens sein. Ein Pfeil durchbohrt den oberen Teil seiner rechten Brust. Ein langer Schatten trennt seine Schenkel und wird plötzlich über dem linken Schenkel, direkt unter dem Lendenschurz, schwer und rechtwinklig.

Unter dem Bild der Name des Malers: Antonello da Messina, ein Name, den er noch nie gesehen hatte, den er sogleich entzifferte und den er nie wieder vergessen sollte. Doch man durfte nicht sehen, wie er den *Heiligen Sebastian* betrachtete, er wurde starr vor Schreck bei dem Gedanken an den Vater, der sich plötzlich umdrehen und sehen würde, wie er sich über das Bild beugte.

Am Abend, in der dunklen Stille, in der bei geschlossenen Augen von Zeit zu Zeit das Rauschen der Bäume laut wurde, war er dann selber nackt, und seine Handgelenke waren gefesselt: sein Körper straffte sich, wenn sich seine Handgelenke berührten. Man wirft ihn über ein Pferd, aufs Schändlichste den Blicken ausgesetzt führt man ihn durch die Stadt. Man bindet ihn mit seinen gefesselten Händen an den Schwanz des Pferdes. Junge Mädchen betrachten ihn, während man ihn auf die Folter vorbereitet. Er zuckt vielleicht zusammen, wenn seine langen Haare die nackten Schultern berühren: zahllose Stimmen ertönen, und bald würde am Horizont, über den Stadtmauern, die Staubwolke über dem Weg aufsteigen.

Oder auch dies: an den Händen zusammengebunden, hängt er biegsam an einer langen Kette an einem Balken des Saals. Sein glattes, geschmeidiges, glänzendes Leder, von einem Ende zum andern mit kleinen Stichen genäht, schließt ihn ganz ein. Länglich, zylindrisch, schlagen junge Leute mit geballten Fäusten und mit »Hei!« von vorn auf ihn ein; sie sind mit geflammten kurzen Hosen bekleidet; manchmal kommen sie ganz nahe heran, mit weit aufgerissenen Augen und gespannten Lippen, als möchten sie sie auf das runde, glänzende Leder drücken. Bei jedem Schlag schaukelt er an seiner Kette: er hört, wie die Kettenglieder rasseln, und spürt, wie sich die Falten seines Leders spannen.

Dabei ließen ihn seine Schulkameraden nie an den Punchingball heran. Einer stellte sich immer vor ihn hin, man stellte ihm ein Bein, man kniff ihn, man trat ihm auf die Zehen. Man verfolgte ihn im Turnsaal unaufhörlich, hinderte ihn daran, sich frei zu bewegen. Man mußte sich mit den Armen wehren, und ihm blieb nicht einmal Zeit, die Ablösung kommen zu sehen, wenn der Lehrer die ersten zurückrief, die ihn, in eine Ecke gedrückt, dicht umstanden. Man prangerte seine Fehler an, noch bevor er sie begangen hatte. Er bemühte sich immer, so nahe wie möglich an der Wand zu bleiben, um niemanden hinter sich zu haben, und doch dröhnte sein Kopf unaufhörlich von Ohrfeigen. Mit dem Ellbogen schützte er sein Gesicht, aber mit einem Faustschlag drückte man ihn herab, und schon kam die Ohrfeige: man probierte sie regelrecht an ihm aus, und die Technik wurde immer besser: die Kinder wiederholten an ihm die Gesten ihrer Eltern, jedes auf seine Weise. Man tat so, als sähe man ihn nicht, um ihm den Ball besser ins Gesicht werfen zu können: rote Kreise drehten sich vor ihm, die Tränen kamen sogleich, und aus der Ferne hörte er die amüsierte Stimme des Lehrers, die sagte, man solle doch den Ball nicht zu fest werfen.

Immer war der Platz vor ihm schon besetzt, manchmal, wenn die andern sich wieder anzogen, versuchte er, zum Punchingball zu gehen und ihn in der Hand zu wiegen, sich vorzustellen, er zu sein.

Der Pfad, der zu dieser Turnhalle führte, ging mitten durch hohe Gräser, und die Sonnen ringsum waren größer als man selber. Zwischen den Halmen entdeckte man unten das Backsteingebäude: es stand auf sich selber, umgeben von Grün. Man trat in diese sofort umgedrehte, hohle, dunkelgelb gestrichene Masse, ein riesiger, länglicher Kubus, der direkt auf den Mauern stand und dessen Decke auf einen Schlag das Dach bildete.

Mitten in der Menge der anderen Kinder konnte man nie sehen, was vor sich ging. Wenn einer der Großen von vierzehn oder fünfzehn Jahren bestraft werden sollte, sah man dennoch aus der Ferne, wie er, sich sträubend, das Pferd mitten in den Saal schob: das Pferd bewegte sich langsam, schubweise, man sah das glänzende Leder vorbeiziehen und unten die vier steifen, gespreizten, gelb gestrichenen Beine.

Plötzlich trat Stille ein, man hörte den Wind, dann das Klatschen des Stöckchens und darauf ein Atmen, ein schriller Schrei, der sich unter den Neigungen des Daches wiederholte. Die Angst blendete einen, und doch sah man hinterher zu, wie sie sich wieder anzogen, umhergingen, in den Nachmittag hinaustraten, ohne daß sie irgend etwas von den andern unterschied; aber man selber wußte Bescheid.

Und am Abend, vor dem Einschlafen: als ob man den Boden unter den Füßen verloren habe. An seiner eigenen Kette hängend, unter einer Decke. Finger lassen einen auf einem glänzenden Rücken aus hellem, harten Leder hin- und hergehen, oder man wird unter einer warmen Hand auf einem weißen, festen, länglichen, abgerundeten Holztisch hin- und hergerollt und plötzlich in den Backofen geschoben. Fertig gebacken, knusprig, krachelig, semmelfarben, stellt man ihn an die Wand, und wie Max und Moritz verschlingt er seine eigene Kruste, wobei er sich an seinem Teig, an seiner Hitze gütlich tut.

In dem schwarzen Wirbel ist es immer der gleiche Augenblick, der den Traum verlängert: man kommt, um ihn loszubinden: gerettet, ruht er in der Kühle der Bettlaken.

Erdmann, der Buchhändler des Dorfes: sein Laden lag an einem dreieckigen Platz mit dicken Pflastersteinen, eine Villa mit vorgebauten Schaufenstern und lackierten Holzrahmen, die nicht zur übrigen Landschaft paßten, ein Stück Stadt, das man da auf einen Platz gestellt hat, wo es nicht hingehörte. Die Mutter, ihr Fahrrad hinter sich haltend, hatte im Schaufenster die Duden-Ausgabe von 1937 entdeckt. Dieses kleine Rechtschreibewörterbuch war sicherlich für Kinder bestens geeignet. Sie würden darin eine Menge lernen. Es war aus grünlichem Pappkarton mit großen, eingeprägten Buchstaben: DUDEN. Man brauchte gar nicht lange zu blättern, um gleich auf die Seite zu stoßen, immer die gleiche, als ob die Bücher genau auf den Seiten aufgingen, die für einen bestimmt waren.

An der Decke eines Saals wie der in der Turnhalle hingen nackte Männer, um die Hüften ein Stück Tuch geschlungen, die ohne abzusetzen in einem einzigen Strich gezeichnet waren: die Schenkel seltsam hervortretend, die Brust mit einem runden Strich verstärkt: der eine war an den Handgelenken festgebunden, ein Steinblock zog ihm die Beine lang, andere waren an den Füßen aufgehängt. Alle möglichen Arten von Folter! Und sein Blick suchte die Zeichnung ab, als ob er sich dort selber entdekken würde, denn dieser junge Mann, mit sich selber malgenommen, das war er selber, sechzehnmal reproduziert. Er ist ein kindlicher Märtyrer, ein junger Römer, der heilige Cyrillus oder der heilige Donatius, er bietet seine Qualen Jesus dar.

Der Traum schloß sich um seine Faust: mit gespanntem, vibrierendem Körper war er entzückt über dieses Wunder, das in ihm wuchs, von den Fersen bis zum Kopf. Wie aus der größten Tiefe dieses Körpers aufgetaucht, war es, als ob er über sich hinwegschritte, Brandungen schüttelten ihn. Der Schlaf kam sofort und ließ keine Erinnerungen; irgendwo weit hinten in ihm eine zusammengekauerte Erwartung, die bereit war.

VI

Diese Geräusche auf dem Speicher, die man von unten hörte! Etwas Breites wurde über den Boden gezogen. Der Vater und die Mutter gingen immer öfter hinauf, einer hinter dem andern, mit dem Rücken zu ihm, und sie kamen von vorn wieder herunter, den Blick in die gleiche Richtung gewandt, als hätten sie etwas zu verbergen. Ringsum stand das Haus still auf sich selber.

Wenn sie wieder herunterkamen, sprachen sie oft von Korbkoffer oder Schnallenkoffer, sie schwiegen, sobald sie ihn bemerkten. Im düsteren Licht, unterhalb des Speichers, hoben sich ihre hellen Hände deutlich ab. Onkel waren gekommen: alle verschieden, aber alle Onkel, man sah zu, wie sie als Onkel dasaßen, Nacken, die aus Kragen hervorstachen: sie selber hatten nie dieses plötzlich aus der weißen Wäsche geschälte rote Fleisch gesehen: sich von hinten gesehen. Sie kamen schnell und blieben nicht lange; kaum saßen sie, schauten sie immer auf ihn, bevor sie zu reden anfingen. Seine Mutter ging darauf mit ihm in den Garten spazieren, als ob er ihn noch nicht kennen würde: sie führte ihn mit steifem Arm und brach vor Blumen in Bewunderungsrufe aus, die sie bereits einen Augenblick zuvor bewundert hatte.

Er hätte gern gewußt, woher diese Geräusche kamen: der Speicher, eine Art Schiff im Freien, wo man allein war. Die kastanienfarbene Schräge des Daches bedeckte ihn und neigte sich in umgekehrter Richtung über eine Landschaft. Von hier aus, hatte der Vater ihm gesagt, könne man durch eine der Dachluken manchmal bei klarem Himmel die Türme Hamburgs über den Horizont hinausragen sehen. Eines Tages war er mit dem Aufzug auf den Turm der Michaelis-Kirche, den »Michel«, hinaufgefahren: bei starkem Wind war man inmitten riesiger grüner Säulen unter einer Kuppel angelangt.

Das unermeßliche Rund der Landschaft, die weißen Linien des Hafenwassers und ganz fern, schon im Blau des Horizonts, hatte man ihm Reinbek gezeigt, er stellte sich das Haus dort vor, das während seiner Abwesenheit vielleicht gleich geblieben war, und jetzt hörte er den gleichen Wind unter den gräulichen Balken des Speichers. Er war über die kleine, auf die Leere geöffnete Holztreppe hinaufgegangen, er klammerte sich mit beiden Händen an den Pfosten fest, sehr fern unter sich hörte er die abgestuften Geräusche des Hauses.

Koffer standen auf dem Fußboden wie auf einem Bahnhof, mit langen Schattenstreifen dazwischen: ein Schnallenkoffer, schwarz mit Messingkanten und großen, geprägten Initialen, war vor die andern gezogen worden: er war offen, und sein Deckel ragte horizontal über ihn hinaus. Eine Vorahnung traf ihn stechend in der Brust, ähnlich der Scham, ein Sack, den man über ihn stülpte.

Überdies hatte ihn der Vater schon zur Besichtigung leerer Häuser mitgenommen, alle kleiner als das ihre, wo Außentreppen im Schatten großer Bäume an den Fassaden hochkletterten. In leeren Zimmern hatte man auf einen Blick sein künftiges Leben eingeordnet. Draußen in den Gärten, die man nicht kannte, stieß der Wind gegen die Zweige. Sie waren zu Fuß hingegangen, jedesmal in eine andere Richtung, und der Vater hatte oft gesagt: »Vielleicht« oder auch »Siehst du«.

Dann hatte man aufgehört, Villen zu besichtigen, und man hatte die Koffer auf dem Speicher wieder übereinandergestapelt: eine einzige Bewegung hätte genügt – schon zeichnete der Körper sie in ihm –, und sie wären alle in einem langsamen, unendlich nachhallenden Gepolter zusammengestürzt.

Und seine Onkel: kahlköpfig, im gestreiften Anzug mit diesem ganzen Körper, den sie überall hin mitnahmen, diese Onkel kamen nur noch einer nach dem andern. Die Mutter hingegen stolperte unaufhörlich, stieß sich an den Kanten der Möbel: sie, die nie Zeitung gelesen hatte, setzte sich hin, um sie zu lesen, legte sie auf den Tisch und nahm sie einige Augenblicke darauf mit der gleichen Gebärde wieder zur Hand, um sie sogleich wieder hinzulegen.

Und dieser angefangene Morgen, an dem so viele Dinge stattfinden sollten: entlegene Winkel unter den Hecken, die man noch nicht erforscht hatte, Löcher graben, dieser Morgen war plötzlich durch die unvorhersehbare Abreise unterbrochen worden. Der Vater hatte ihm erklärt: »Für einige Tage, Mutti ist so müde.«

Man hatte ihn nach Hamburg gebracht, der Zug war hoch über den Bahndamm gefahren, die Ebene schwankte zu beiden Seiten. Darüber standen Wolken mit Flanken, die riesengroß waren wie Landschaften und in die die Sonne Schatten warf. Es war also nur diese Reise, und er war darüber, ohne es zu wissen, erleichtert. Auf welche Reise war er gefaßt gewesen?

Fabriken waren nähergekommen, in umgekehrter Richtung folgten ihnen im Freien Röhren, die jene nachahmten, die man in den Kellern sah. Zwei Tunnels öffneten sich nebeneinander unter den zahllosen Fenstern eines Gebäudes, Glühbirnen stießen dort sehr weit unter die Erde vor, viel weiter als das Gebäude selber, ein Zug der Untergrundbahn fuhr hinein, ein anderer kam heraus, für den Bruchteil einer Sekunde schwarz und gelb auf gleicher Höhe: eine einzige Front von einer schmalen, senkrechten und dunklen Linie durchschnitten.

Unter dem riesigen Glasdach des HAMBURGER

HAUPTBAHNHOFS war man gleichzeitig drinnen und draußen. Mit der Hand versuchte man diese Rundung nachzuzeichnen: die Geräusche waren hier gedämpft, ganze Züge hielten da, als seien sie draußen.

Nana, das Kindermädchen, war gekommen, um ihn abzuholen, und mit einem Mal hatte er angesichts dieser Frau, die so dick war, daß ihr Gesicht von ihrem Körper gelöst zu sein schien, das Gefühl, in sich selber zu erschlaffen, an Kompaktheit zu verlieren, an Straffheit. Sie wohnte über der Alster in Fontenay, zwischen den Bäumen, in einem in mehrere andere aufgeteilten Haus, das nirgends an die Straße stieß und mitten in einem von Gittern eingeschlossenen Garten lag, in den man nicht gehen konnte. In Hufeisenform gebaut, hoch und gelb, öffnete sich das Gebäude von drei Seiten auf ein Glasdach. Eine junge Hausangestellte war aus einem der Fenster draufgefallen. Große, halbzerbrochene Glasstücke steckten noch in dem Loch, das bei ihrem Sturz entstanden war; darunter führten dunkle Gänge in das Gebäude. Mit blutigem Gesicht war das kleine Dienstmädchen dort mit ausgebreiteten Armen unter den vereinzelten Lichtern dahingelaufen.

Auf die Scheiben des Glasdachs fielen die gelben Blätter der Pappeln, klebten flach auf dem Glas. Nana (Erna Zimmermann) wohnte auf der anderen Seite des Gebäudes, im »Souterrain«; sie war Hausmeisterin.

Manchmal setzte ihn Hermann, Nanas Mann, abends auf die Knie: an seiner Achsel spürte er die ständige Wärme des Stoffs, der ihn einhüllte, und mit dem Finger ließ ihn Hermann das Stück Schrapnell berühren, das in seinem Nasenflügel steckte. Bei der Berührung mit dieser dünnen, warmen Haut, mit diesem winzigen, glatten Kubus, der unter dem Finger wegrutschte, straffte sich der Körper. Nach seinem Tod würde man ihn im Boden wiederfinden: man würde die Erde sieben; einen Augenblick lang wünschte er, er sei tot, um dieses winzige Stück Metall zu finden.

Das Zimmer war sehr lang: die Fenster, zwei Scheiben senkrechter Helligkeit auf der linken Seite; warum erinnerten sie ihn an den Anfang eines Weges, der zum Meer führte?

Morgens ging Nana manchmal mit ihm auf den Markt unter der Hochbahn: ein Dach aus hohlen Backsteinen, eine Aufeinanderfolge kleiner Gewölbe über sich, und doch war man draußen. Sie gingen über Alleen zurück, die an der Alster entlangführten: in der Ferne, über dem grauen, zittrigen Wasser blies der Wind auf das andere Ufer: von einem einzigen Punkt aus vertauschten die Blätter der Bäume plötzlich ihre Farben, man sah, wie der Wind sie einen um den andern zerzauste, die Möwen trieben mit ausgebreiteten Flügeln ab, schlossen sich zusammen und stürzten, sich selbst verfolgend, nach vorn. Hinter dem Wasser stand still die Stadt: Sankt Jakobi und von Kuppel zu Kuppel auf sich selber stehend, Sankt Katharinen, dann, hintereinander, die anderen Türme. Die Alsterdampfer fuhren an ihnen vorüber. Die schon vom Ufer gelöste Anlegebrücke schwankte leicht auf dem Wasser. Die Schiffe folgten hintereinander: sie fuhren mit allen ihren Fenstern vorüber – sie hatten Fenster wie Häuser – und ihr weißer Körper folgte sich selber, durchschnitten vom senkrechten, schwarzen Strich der Anlegepoller: im Innern saßen Leute, den Hut auf dem Kopf wie in einem Eisenbahnwagen: wußten sie, daß sie auf dem Wasser waren? Bei den Bewegungen der Schiffe schwankten manchmal alle Fenster auf einen Schlag, plötzliche Spiegel, die den Himmel wiedergaben.

Der Dampfer, den er mit Nana nehmen sollte, legte an, das Holz knirschte, stieß mit einem zugleich hohlen und dumpfen Geräusch gegen die Brücke. Ganz aus der Nähe sehr viel größer, waren die Fenster mit einem Rahmen aus glänzendem, hellbraunem Holz eingefaßt. Man war in einem großen Saal, der unter einer niedrigen Decke von Holzbänken gesäumt und geteilt war: während der Horizont der Bäume und Häuser auf der einen Seite versank, stieg auf der andern Seite der Himmel wieder auf: man saß zu tief, fast in Höhe des Wassers, und alle schienen hierzu gekommen zu sein, mit den verlegenen Händen von Leuten, die warten.

Je weiter das Schiff, angetrieben von seinem »pockpockpock«, dahinfuhr, um so näher kam die Linie des Ufers heran, das Schiff, hätte man meinen können, würde dagegenprallen. Den gesamten Raum der Fenster füllend, gab es plötzlich nur noch ein grasbewachsenes Ufer, auf dem, ganz in der Nähe, Häuser standen mit Bäumen und Gärten. Das riesige Wasser der Alster war verschwunden, und doch war man noch auf dem Schiff.

Der Kaiser-Wilhelm-Kanal von Kiel bis zur Nordsee kam ihm wieder in den Sinn. Er hatte ihn eines Tages in Brunsbüttelkoog gesehen. Schiffe fuhren still darauf. Ihr riesig großer Bug durchschnitt die Landschaft: Bäume, Häuser verschwanden plötzlich, während andere sich voll sichtbar von dieser riesigen weißen oder schwarzen Flanke abhoben. Und das Schiff fuhr weiter, teilte Blattwerk, ließ neue Grenzen auftauchen, zerschnitt Häuser oder Scheunen, von denen man hätte glauben können, sie stünden auf gleicher Höhe.

Sie stiegen an der Station Stadtpark aus; über eine Reihe breiter Steinstufen gelangte man zu einer leeren, unermeßlichen Treppe, die so groß war, daß ihre Oberfläche geneigt zu sein schien: das Grün war dort unter einem blendenden Licht direkt auf dem Boden angelegt. Und mitten in der Hitze stand, stufenförmig auf sich selber, ein mächtiger Backsteinturm, den kein anderes Gebäude berührte, er stieg ganz plötzlich und übergangslos aus dem kurzgeschnittenen Gras in die Höhe, hinter sich den weißen Himmel. Er war zu breit, jedesmal, wenn man sich umdrehte, war er noch da. Der Turm hatte nichts, um sich zu verstecken, und auch er, der Junge, stand da in der Mitte, ohne etwas um sich herum. Und alles kam ihm wieder in den Sinn. Vielleicht wußte man, was für ein Bild er im Buch betrachtet hatte. Man hatte ihn ertappt, man würde ihn zwischen den langen, geraden Linien der Blumen vor diesem in der Hitze flimmernden Sand ausstellen, ihn den Blicken aussetzen. Seine Eltern wußten alles, sie hatten ihn fortgeschickt, sie hatten am ersten Schultag alles gesehen. Sein Rücken fiel ein von kaltem Schweiß: vielleicht hatte er laut gesprochen, als er zwischen den beiden Rasenflächen vor dem Haus stand, der Saum seines neuen Mantels berührte seine Knie. Er hatte sofort gesehen, daß seine rote Schultüte nur oben drauf mit Bonbons gefüllt war: alles andere war Seidenpapier.

In Deutschland bekommen alle Kinder am ersten Schultag eine Schultüte aus Pappe und Glanzpapier, die von unten bis oben mit Bonbons gefüllt ist: als ob, während alles schon verloren war, dieser alte Traum in Erfüllung gehen sollte: endlich einen Gegenstand für sich besitzen, der größer war als die kleinen Spielsachen, eine Menge Bonbons für sich haben, die man nicht auf einmal lutschen konnte; man würde sich eine Handvoll nehmen, und es würden immer noch welche übrigbleiben. Aber seine Schultüte war nur mit Papier gefüllt, und darauf eine Schicht Bonbons, und die Scham, daß er es gemerkt hatte, während die Eltern ihn beobachteten, hatte ihm den Atem verschlagen, und damit es nicht so aussah, als habe er es gemerkt, hatte er vor Freude gelacht, *vor Freude gelacht.*

Da er vor dem Backsteinturm gestanden hatte, wußte er, daß man ihn für diese Geburtstage bestrafen würde, an denen man nie das bekam, was man sich gewünscht hatte. Schon beim Erwachen mußte man Überraschung heucheln, obwohl man das Geschenk bereits vorher entdeckt hatte. Man mußte mit starrem Gesicht ins Erdgeschoß hinuntergehen, auf der Treppe das Freudenlachen ausprobieren, um zu sehen, ob es richtig klappte. Der Platz, an dem man saß, war mit Gänseblümchen geschmückt, und trotz des Tischtuchs erkannte man sofort den Tisch. Man hatte beim ersten Blick schon alles gesehen: die Eisenbahnwagen waren nicht die richtigen, einer von ihnen hatte einen Streifen im grünen Lack, und der kleine Lastwagen war nicht der, den man sich gewünscht hatte, er war rot, und dabei hatte man so oft gesagt, er solle blau sein und eine weiße Borte haben: und die Scham, »nicht genug bekommen zu haben«!

Und dann diese Tage vor Weihnachten, an denen

man durch die halb geöffneten Türen Vater und Mutter bei »den Vorbereitungen« sah, gebeugte, dunkle Gestalten vor dem hellen Hintergrund des Zimmers. Man erkannte das Geräusch des Weihnachtspapiers wieder, das einzige, das so knisterte. Man hörte die Klingel des Feuerwehrautos, das Geräusch des Schlüssels, mit dem die Lokomotive aufgezogen wurde, man kannte alles schon im voraus. Er ging wie versehentlich ins Schlafzimmer seiner Eltern – er tat so, als irre er sich, stumm vor Schreck angesichts dessen, was er da, ohne es zu wollen, tat – seine Mutter stürzte sich auf die über dem Bett verstreuten Geschenke, bedeckte sie mit ihrem Körper, stopfte sie mit beiden Armen gleichzeitig unter sich.

Er hörte, wie sie sich im Eßzimmer stritten, zwischen ihnen das grüne Tischtuch und die Essensgerüche, die in der Luft schwebten, sie machten sich gegenseitig Vorwürfe, weil sie das gleiche kleine Auto zweimal gekauft hatten, der eine hatte bei Tietz 40 Pfennige weniger gezahlt als der andere bei Karstadt. Sie hatten sich seinetwegen Mühe gemacht, und sie wußten nicht, daß er alles gesehen, alles gehört hatte, dabei waren sie Erwachsene.

Das Schlimmste war der Heiligabend: die Türen weit geöffnet auf die warme, duftende Stickigkeit des festlichen Dunkels, mußte man vor dem viel zu großen Tannenbaum heucheln. Sich vor allem nicht irren und vor Freude in die Luft springen.

Man bedankte sich unaufhörlich, um deutlich zu zeigen, daß man sich bedankte. Unter dem Tannenbaum bewegte man sich bedächtiger: mitten in einer etwas undurchsichtigen Wärme erkannte man die Geschenke im letzten Augenblick nicht mehr wieder.

Und wenn die Wärme zu groß geworden war, ging er mit dem Vater in dessen Arbeitszimmer. Durch das weit geöffnete Fenster hatte er gesehen: die schneebedeckten Tannen und Buchen reglos im nicht wahrnehmbaren Rieseln der Flocken, und dieses Rieseln schien den Zweigen, den Stämmen, den Zäunen ihre Form zu geben. Um diesen kubischen, warmen Weihnachtsabend herum gab es ringsum die schneebedeckten Entfernungen.

Nachdem das Fenster geschlossen war, stand er mitten im Zimmer, die Mutter war mit ausgestreckten Händen zu ihm gekommen und hatte ihn gefragt, ob er froh sei, es war, als müsse er ersticken, es war nicht seine Mutter, die da sprach, sondern Wörter kamen aus ihr heraus, die sie so wiederholte, wie sie sie von andern gehört hatte: er riß sich von ihr los, versuchte sogar, ihr Fußtritte zu versetzen.

Wegen all dem war er schuldig: der Turm wußte das alles und lief gleichzeitig mit allem, was um ihn her war, unter den Wolken dahin. Er war so hoch, daß er ganz oben auf der Spitze sehr schnell zu gehen schien, während der untere Teil unbeweglich blieb. Er war schuldig: die Mutter hatte er so gesehen, wie sie war, wenn er nicht da war. Sie war vorbeigefahren, als sei sie eine andere gewesen. Er hatte nicht gewußt, ob er sie erkennen solle, wie sie da im Profil auf ihrem Fahrrad saß, das zugleich vor ihr und hinter ihr fuhr, während die Zipfel ihrer kastanienbraunen Jacke um sie herumhingen. Das Kinn vorgestreckt, vom Straßenpflaster durcheinandergerüttelt, drückte sie mit dem hohlen Fuß aufs Pedal und fuhr immer entweder zu schnell oder zu langsam.

Sie ging in die Geschäfte, während ihr Fahrrad hinter ihr auf dem Bürgersteig lag, sie ließ die Türen aufstehen oder stolperte über die Treppen, die zu den Läden hinaufführten. Wenn sie weg war, stellten sich die Geschäftsleute zwei und zwei auf die Türschwelle, tippten sich mit dem Finger an die Stirn oder zeigten lachend auf den Rücken, der dort, auf dem senkrechten Strich des Schutzblechs sitzend, dahinsauste.

Und er versteckte sich in den Ecken, von Scham erfüllt, von einem irren Lachen geschüttelt, machte aus der Ferne »ätsch, ätsch!« und rieb dabei, wie es die deutschen Kinder tun, den linken Zeigefinger am rechten und den rechten am linken. Er selbst fuhr dort, als Emblem an einer Stange, die er in der ausgestreckten Hand hielt. Er packte sich bei den Knöcheln, versuchte sich hochzuheben, schlug sich mit der Faust an den Kopf, strengte sich an, so laut wie möglich zu schreien, um sich auszulöschen, um seine lächerliche Mutter, die das Weihnachtsfest für ihn vorbereitete, aus sich herauszubekommen.

Nach einigen Tagen bei Nana brachte man ihn mit dem Zug zur gleichen Zeit und in die andere Richtung unter einem umgekehrten Himmel nach Hause zurück, die Landschaft zog verkehrt herum vorüber, er erkannte sie nicht wieder. Doch kaum zu Hause, hatte man ihn von neuem weggebracht. Er war zurückgekommen, und seine Mutter war in ihren Bewegungen noch langsamer, sie bewegte sich, wie er es vorher nicht an ihr kannte; es war, als sei er nicht vorhanden, sie ging von Zimmer zu Zimmer, kam sofort wieder zurück und tat so, als spreche sie mit ihm in dem Zimmer, in dem er nicht war. Sie war so erschöpft, daß ihre Arme länger zu sein schienen.

Man hatte ihn ans andere Ende des Dorfes gebracht. Aus der Ferne konnte er, wenn er wollte, seine Mutter vorbeigehen sehen. Er wohnte bei Frau Mannel, in einem Holzhaus aus glatten, seidigen Brettern mit Myriaden roter und violetter Punkte, die in der Sonne schillerten. Er war oft daran vorbeigekommen.

Der Garten ging ins Tal hinunter, durch das im hohen Gras die Bille dahinfloß und in dem der untere Teil des Dorfes lag. Sehr hohe Blumen wuchsen hier, manchmal ebenso groß wie er, und wenn man dazwischenstand, erblickte man den Himmelsgrund. Sie schossen aus dem Boden wie Bäume. Frau Mannel hatte ihm die Passionsblumen erklärt: in der Mitte drei schwarze Nägel mit verdicktem Kopf. Er war verwirrt: der Anblick seiner selbst war ihm gekommen. Ungewollt hatten sich die Bilder aus dem Buch eingestellt: ein Geräusch rings um ihn her. Höher stehend als die Menge, schräg, um besser gesehen zu werden, schickte sich der lederbekleidete Henker an, ihn zu foltern, und seine langen Haare streiften seine Schultern.

Die Verwirrung war so groß, daß er zu zittern anfing. Frau Mannel hatte ihn sehen gesehen. Das Bild war sichtbar geblieben, mit allen Einzelheiten, dem Holz des Schafotts, den in der Sonne heißen Holzplanken, den Stricken, dem Lärm der Menge, seinen Kleidern auf einem Haufen. Sie hatte alles gesehen, er war schuldig.

»Mit dir werde ich noch sehr streng sein müssen, wie es deine Eltern auch empfohlen haben«, hörte er sie ganz dicht bei ihm sagen. Doch bevor er in die Leere fiel, die sich unter ihm öffnete, fügte sie noch hinzu: »Ich mag keine kleinen Jungen, die nicht auf das hören, was man ihnen sagt.«

Am Abend hatte er versucht, sich zu verstecken, indem er die Hände über die Leistenbeuge verschränkte. Es gelang ihr nicht, sie auseinanderzuziehen; wütend stellte sie ihn auf den Boden und schlug ihm mit der flachen Hand heftig auf den rechten Arm, wobei sie ihn festhielt und daran hinderte, sich zu bewegen. Sein Mund, weit geöffnet, ließ zuerst keinen einzigen Schrei heraus, doch dann kam das Gebrüll aus ihm, als ob ein anderer schreie, und das Brennen, das ihn aufschreien ließ, war größer als der Körperteil, auf dem es sich ausbreitete. Er schlug aus, versuchte aber nicht sich loszureißen. Eine Hand im Innern seines Körpers bog ihn über sich selber, und dieser spitze und zugleich massive Schmerz – in dem Augenblick, in dem Frau Mannel ihn losließ, fiel er mit ausgebreiteten Händen in die Badewanne zurück – schien aus ihm selber zu schnellen. Der Schmerz drückte einen Lichthof auf seinen Körper und vergrößerte dabei die Konturen. Von nun an war eine Verwunderung in ihm, von der er wußte – warum nur? –, daß sie unerschöpflich sein würde. »Nun hör mal gut zu«, hörte er durch den Tränenvorhang hindurch, der alle Gegenstände verzerrt wiedergab, »entweder läßt du dich morgen abend waschen, oder du bekommst die Rute zu schmecken.«

Am nächsten Tag herrschte schönstes Wetter. Die Helligkeit ragte senkrecht zwischen den grünen Baumstämmen der Buchen auf: jede Latte des Gartenzauns hob sich vor dem Hintergrund der sonnenüberfluteten Landstraße ab. Zum ersten Mal ordnete sich die Landschaft um ihn herum an. Von nun an würden alle folgenden Morgen ihr

Licht nach diesem Morgen richten: die Erwartung vergrößerte seinen Blick. Irgend etwas lastete auf seinen Bewegungen, seinen Gebärden; aus seinem Innern gekommen, stieg ein konturloses Bild vor ihm auf: er würde die Rute zu schmecken bekommen. Er würde Schreie ausstoßen, die er nicht von sich kannte.

Am Abhang, zwischen zwei Buchen, gab es diese Sandflut, in die er Landschaften grub, imaginäre Berge, Abhänge stürzten zu kleinen Mauern ein. Wenn man eine Handvoll Sand nahm, so viel, daß er zwischen den Fingern hindurchrann, dann gelang es einem, die Fliege zu erwischen, die da saß, indem man den Sand auf einen Schlag über sie schüttete: sie hatte keine Zeit davonzufliegen. Wenn man dieses kleine Sandhäuflein sah, hatte man das Gefühl, daß es seit jeher schon da war. Nach einer Weile bildete sich ein winziger Trichter. Zuerst rutschten einige Sandkörner, dann wurden die Ränder rund, auf dem Boden entstand ein schwarzes Loch, groß wie ein Nadelkopf, und plötzlich erschien die mit Sand bedeckte Fliege. An der Oberfläche ließ sie ihre Flügel kreisen, so schnell, daß sie nur noch eine Vibration waren, dann flog sie plötzlich davon.

Auf eine andere Fliege warf er händeweise dicke Schichten Sand, bohrte mit den Fingern im Boden, um noch mehr Sand zu bekommen. Ein Vorhang ging in ihm hoch, gelb wie in diesem Theater für Kinder, in das man eines Tages mit ihm gegangen war, ein Vorhang, der sich um ihn selber wickelte; ein hohler Stiel, den man in den Sand steckte: er würde die Rute zu schmecken bekommen. Eine Flamme fuhr durch ihn hindurch, er griff mit der Hand hinter sich, er reichte hinter sich selber, wie angeschwollen, rund. Mit dem Finger scharrte er den Sand mit kleinen, schnellen Bewegungen fort. Die Fliege saß da, reglos, wartend, als sei sie noch unter dem Sand. Die Arme auf dem Rücken zusammengebunden, an den Knöcheln gefesselt, stellte er sich selber so vor, zwischen zwei glatten, warmen Wänden eingezwängt, die seinen Kopf einschließen würden.

Hoch über sich sah er die Buchenstämme, grau oder grün, dahinfliehen; ganz oben führten sie zu Blätterdecken, in die die Äste hineintauchten: eine Hand packte ihn im Rücken, man zwängte ihn in ein Korsett, dessen Schnüre man hinter ihm spannte, er quoll unten heraus, erstickte: er würde die Rute zu schmecken bekommen.

Am Hang neigten sich die langen Gräser im Wind: Wege kamen in Sicht, Entfernungen folgten auf Entfernungen. Fabrikschornsteine tauchten auf, vielleicht war es schon das schüttere Dröhnen der eisenbereiften Fässer auf den Pflastersteinen des Kais.

Hinter ihm das Haus; er drehte sich nach ihm um, und es stand plötzlich da, gerade, unbeweglich; man konnte hineingehen. Es hielt ganz von allein, Frau Mannel stand unter dem Vordach und rief ihn. Als er unten an der Holztreppe angekommen war, er hatte sich nicht aus seinem Sandloch aufstehen sehen, streckte sie die Arme aus, die sie bis dahin hinter dem Rücken gehalten hatte. Sie hatte Birkenruten in der Hand, fünf oder sechs Zweige, die zusammengebunden und so angeordnet waren, daß sie sich mit den Spitzen berührten: sie waren mit einer Schleife zusammengebunden.

»Das ist für dich, für heute Abend, wenn du nicht gefügig bist, und mein Junge, ich schreibe eine gute Handschrift.«

Er hatte diesen Ausdruck, den er jedoch sofort verstand, noch nie gehört. Ein Zittern durchlief ihn, das Bild wurde genauer, er versuchte es von den Augenlidern zu verscheuchen.

»Du kannst sie ruhig mal selber in die Hand nehmen, um Bekanntschaft mit ihr zu machen.«

Er hatte den Eindruck, ein Stück seines Körpers in der Hand zu wiegen, er spürte sich in seinen eigenen Fingern und unfreiwillig versetzte er der Rute kleine Schläge, als ob er sich selber schwinge. Sein Körper wartete hinter ihm, voluminös. Ein Trichter öffnete sich, von dem er nur noch die matten, geneigten Wände war.

Er hatte eine von nun an gezählte Zeit vor sich, er drang in ein Warten ein wie in einen Gegenstand, durch den sich sein Körper allmählich hindurchschlängelte. Über ihm stand der Himmel, höher, als er ihn je gesehen hatte, mit riesigen Wolken, deren Flanken bald in der Sonne lagen, bald in den leichten Schatten getaucht waren, die andere Wolken ihnen spendeten. Er fühlte sich stark und frei, eine Freude, wie er sie noch nie empfunden hatte, packte ihn: genau und präzise schleuderte sie ihn nach vorn, er sah den Boden von ganz oben herab, als ob er plötzlich gewachsen sei, und von neuem ein zukünftiges, undeutliches Bild in Augenhöhe: er war selber in diesem Bild, bis zu den Hüften, zusammengekauert, einem zugleich gefürchteten und begehrten Schmerz ausgesetzt: nicht zu verstehen: ein Hochgefühl.

Dabei war er ganz in der Nähe seines Elternhauses, der Weg dorthin war kaum länger als der zur Schule: bis zum hellen Ende der Landstraße wüßte er ganz genau, wo er war. Er bräuchte nur wieder nach Hause zu gehen oder nicht die Hände davorzulegen und nichts würde geschehen. Zwei Punkte am Horizont der Zeit, die vor ihm auseinanderwichen, er stellte sich vor, daß man ihn festhielt, er heulte und trampelte, der Verwunderung ausgeliefert, hörte das Pfeifen der dünnen Birkenzweige; jene, die er fast unbewußt abgerissen hatte, ließen auf seiner Hand eine dunkle Linie zurück, bei der man nichts spürte.

Er war somit der einzige, der das von sich wußte, als ob das, was ihn erwartete, ihn widerspiegeln würde. Sein ganzer Körper schien an der Spitze seiner selbst aufgesogen zu werden; erstaunt fuhr er mit der Hand unablässig hin. Und alle Dinge um ihn herum wurden plötzlich noch deutlicher, noch klarer: er hatte ein Geheimnis. Sollte er einer von diesen »ganz Schweren« sein, einer von diesen Gewohnheitsverbrechern, von denen seine Schulkameraden aus der Volksschule eines Tages mit sonderbarer Stimme gesprochen hatten?

Manchmal sperrte man sie für einige Tage ins Reinbeker Gefängnis. Es befand sich hinten in einem Garten, im Sommer wuchsen dort Gräser und Pflanzen sehr hoch, die Hecke am Straßenrand war nicht geschnitten, das Gebäude selbst sah man nur vom Eingang aus: ein düsterer Backsteinbau, von kleinen Schießscharten durchbrochen.

Hinter dem Dorf hatte der Torf gebrannt. Bitter und gelb war der Rauch aufgestiegen und stand gerade, aufrecht, über den Bäumen. Ganz aus der Ferne glaubte man das Knistern des Feuers zu hören. Männer waren laufend vorbeigekommen. Auf den Bürgersteigen warteten Leute.

Vielleicht war es der Schwerverbrecher, den er hatte vorbeikommen sehen: nur mit einer Hose bekleidet, die Hände auf dem Rücken zusammengebunden, ein hartes, durchfurchtes, von der Sonne verbranntes Gesicht, das schlecht zu der Sanftheit dieses Oberkörpers paßte. Vielleicht war es das, das Verbrechen: die Gesichter, die aus den Kleidern hervorsahen, paßten nie zu den Oberkörpern. Düstere, rauhe Stimmen auf diesen sanften Häuten; und wenn man sie sah, krümmte sich der Körper vor Scham.

Schon kamen die Schatten herab und wurden länger, hinter ihm im Holzhaus wartete Frau Mannel auf ihn, die Birkenrute lag vielleicht auf einem Stuhl. Er war wieder an dem kleinen Dorfgefängnis vorbeigegangen: vielleicht würde er hier hinter einer Schießscharte Schatten sehen oder schreien hören? Vielleicht war er das in einem niedrigen Raum: das Tageslicht fiel senkrecht herein, man hörte die Geräusche des nahen Bahnhofs: er stand vor Gericht, er war ausgezogen worden; seine Schultern zitterten, sobald am Strick gezogen wurde, der Körper verkrampfte sich, als er die Hände spürte, die ihn bei den Hüften packten.

In der Ferne bog der Wind das Blattwerk der Birken, er drückte büschelweise die hohen, fahlen Gräser nieder, die Wolken zogen vorbei und verschwanden nach und nach über den Bäumen. Auf der anderen Seite standen die großen Buchen und da begann schon das Dorf: die beiden abschüssigen, gepflasterten, sehr kurzen Straßen, zu schmal für die Steilheit des Abhangs, die oben wieder zusammenliefen: zwei unterschiedliche Straßen, die dennoch auf demselben Platz mündeten, wo der Kohlenhändler die Deutschlandkarten verteilt hatte. Von da aus sah man fast schon die Schöningstedterstraße, auf die der Zaun des Gartens seiner Eltern ging.

Vielleicht hatte er laut gesprochen und wie Rumpelstilzchen jedermann seinen Namen gesagt. Er mußte seine Schuhe anbehalten, er hörte sich auf dem Fußboden trampeln; als seine Stimme endlich aus ihm herauskam, erkannte er sie nicht wieder.

VII

Betonstufen führten vom Keller herauf. Darüber, schwindelerregend, der Dachrand mit den grüngestrichenen Balken. Bei der dritten Stufe konnte man das Kinn auf den Boden, auf den Beton legen, den Kopf direkt auf der Ebene: man hätte sich so vorwärtsbewegen können, den Mund in Erdhöhe, wie die Kröte, die manchmal am Fuß der Treppe auf dem grünlichen Boden kauerte, wo eine dünne Wasserschicht stand.

Vierbeinig, breit, sprang sie hoch und fiel mit einem Wasserpfützengeräusch wieder zurück. Die Augen vor dem Kopf, die Haut blasig, die Schenkel angewinkelt, wartete sie im Halbdunkel des Kellers: man wurde von einem namenlosen Entsetzen gepackt, man hing wie an einem Bügel, man konnte nicht mehr atmen, war schreckensstarr. Diese Nacktheit der Kröte; so war man selber; mit ihren kleinen Blicken dachte die Kröte auf der Haut; sie würde größer werden und sich an die Haut dessen drücken, der sie betrachten würde.

Schon schien ihm, als spürte er die klebrige Kälte ihrer Beine an seinem nackten Körper, die Kröte würde daran kleben bleiben und alle wüßten um seine Träume. Er würde nicht einmal schreien können: die Mutter wüßte sofort, warum er in den hinteren Teil des Gartens wollte.

Er setzte sich dort in seinen Tunnel unter dem dichten Gebüsch, und darauf kamen immer die gleichen Bilder, sie stiegen aus der Tiefe seines Kopfes hoch: eine Hand packte ihn an den Knöcheln und hob ihn hoch, die andere puderte ihn, sie lief unter ihm hin, flach, warm, breit von der Sanftheit des Talks, drehte ihn dann einfach um und puderte die andere Seite. Dann kam die Trunkenheit der Windel, die Hände spannten sie schüttelnd unter der Leiste, und unterdessen zogen Landschaften in ihm dahin, Landschaften, in denen er noch nie gewesen war, mit Pappeln gesäumt; andere Bilder kamen von noch weiter her, als ob es schon das Meer sei: er schloß die Augen.

Am Schiffsbug, gekrümmt, Arme und Beine gespreizt, mit dem Kopf nach vorn am Bugspriet hängend, nackt, ritt er auf der Schnelligkeit der Fahrt, wobei er sich auf den Wellen hob und senkte, den Blicken der Seeleute ausgesetzt, die hinter ihm lauthals lachten.

Manchmal floh die Kröte springend, legte die ganze Strecke unverändert zurück, die Beine mit den Schwimmhäuten viermal geöffnet, für einen winzigen, ewigen Augenblick in der Luft, diese blasige Fläche, die Augen, der Kopf, die Beine, alles zusammen, gleicher Augenblick und gleiche Kröte, die Ewigkeit war zerbrochen: das Vierklatschen auf dem nassen Beton und die zurückgefallene Kröte schaute, den abschüssigen Körper hinter dem Kopf.

Vielleicht war es wegen dem matten Metalleimer, der auf dem Kellermäuerchen stand: er traute ihn nicht zu nehmen, die Kröte saß vielleicht in dem Wasser, das unten auf dem Boden zurückgeblieben war. Er war stolz, daß er schon groß war und ihn fast mit ausgestrecktem Arm hochheben konnte. Aber vielleicht konnte er sich noch hineinsetzen, mit angewinkelten Armen und Beinen. Eine Hand half ihm hinein und drückte nach. Es ist ein Kohleneimer ohne Boden. Man trägt ihn am Henkel. Die Hand läßt ihn ein wenig pendeln, man setzt ihn ab, rundes Weiß; der kalte Boden läßt seine nackte, vom Metall, das den Boden nicht berührt, umgürtete Haut sich zusammenziehen. In den Eimer geduckt, das Gesicht von den eigenen Schenkeln umschlungen, reicht sein Blick kaum über den Rand aus sprödem Metall. Man trägt ihn die Schöningstedterstraße entlang, ein Mann im grünen Loden mit Wickelgamaschen hält ihn am Henkel und schwenkt ihn hin und her: am Ende der Straße wird er links nach Pfahlsdorf abbiegen und ihn in einem der Gärten umstülpen, man setzt ihn neben den glatten Kegeln der Komposthaufenpflanzen ab.

In Hans-Joachims Garten hatten sie sich damit

vergnügt, Erde in Blumentöpfe zu drücken und sie dann umzudrehen: so erschienen glatte, etwas matte Zylinder, in die sie kleine schwarzweißrote Hakenkreuzfähnchen steckten: der Schaft war aus weißem Holz und das Fähnchen aus Glanzpapier, auf beiden Seiten gleich, wurde spiegelverkehrt, wenn man es vor die Sonne hielt.

Oder man setzte seine ganze Kraft ein, so schnell wie möglich in die Pedale zu treten, damit der Fahrtwind das Fähnchen spannte: er selber war ein Fahrzeug, das, schwarz, mit verchromten Kompressoren, über die Landstraße fuhr, er sauste dahin und hinter ihm flog eine Staubwolke davon. In einem Jahr, wenn er zwölf wäre, könnte er eine schwarze Uniform mit kurzen Hosen tragen und dazu quer über den Oberkörper einen schwarzen Schulterriemen. Doch dieser Anblick seiner selbst machte ihm Angst: er würde zu denen gehören, die ihn schlagen wollten.

Manchmal warteten sie nach der Schule auf ihn, dicht aneinander gedrängt, man sah die Landschaft nur zwischen ihren Köpfen, sie hielten ihn am Arm fest, bekamen es aber fast mit der Angst zu tun, wenn sie ihn vor Entsetzen brüllen hörten und ließen ihn gehen: in ihm war nichts anderes als ein hohles Rohr, das in ihm drückte, ihn kleiner machte, er war nur eine schmale, biegsame Klinge, durch die die Angst schaute. Er hörte, wie sie ihm nachriefen: »Dich kriegen wir noch!« Sie kamen in

Uniform in die Schule: die Lehrer durften sie nicht mehr verprügeln.

Nach und nach hatte er sich daran gewöhnt: an die Wand gelehnt, hatte man immerhin die Hälfte der Welt für sich und hinter den Kindern, die in alle Richtungen liefen, wurde das Mäuerchen des Schulhofs von freien Stellen unterbrochen: er wußte schon, wie er es anstellen würde, um fortzulaufen.

Vor dem Nachhauseweg hatte er Angst: er mußte Berechnungen anstellen, von Baum zu Baum, von Umweg zu Umweg, um nicht geschnappt zu werden. Sie hatten ihre Stellen, wo sie ihn foltern konnten: mit Blättern bedeckte Öffnungen, verlassene Gärten, aus denen er sie manchmal mit seltsamem Blick kommen sah.

Während der Ferien waren alle Klassenzimmer neu gestrichen worden, es war jetzt so hell, daß man nur noch auf Zehenspitzen zu gehen wagte. Arthur hatte seinen Platz ganz hinten, er brauchte sich nicht umzudrehen, um die Gefahr kommen zu sehen. Die Schüler waren gewarnt worden: der kleinste Fleck würde eine strenge Bestrafung nach sich ziehen.

Genau in dem Augenblick, in dem sie an diesem Morgen das Klassenzimmer betraten, sah er schräg hinter sich, ganz nahe bei seiner Bank, die fünf blauen Tintenflecken, einer über dem andern, alle von der gleichen Form, aber jeder kleiner als der vorhergehende. Vielleicht waren sie ganz frisch: er hatte sie nie gesehen. Von ihm bis zum Fenster saßen nur Mädchen; es waren insgesamt zwei oder drei Jungen, die immer zu den Mädchen gesetzt wurden. Eine von diesen Mädchen, die in derselben Bank saß wie er, trug Zöpfe und hatte schon ein Erwachsenengesicht, ein Gesicht für die Küche, fürs Eßzimmer, für die Besorgungen. Man rief sie sofort beim Namen und man erkannte sie auf den Fotos. Alle wohnten in Prahlsdorf, und im Lebensmittelgeschäft sprachen die Erwachsenen mit diesen Mädchen mit ihrer richtigen Stimme und nicht mit dieser Kinderstimme, diesem näselnden Akzent, den die Deutschen annehmen, wenn sie mit Kindern reden.

Im Schulhof stellten sich die Mädchen immer neben ihn und kniffen ihn mit schräggestellten Fingernägeln, um das Fleisch besser umdrehen zu können: sofort schossen die Tränen hervor, horizontal. Das erste Mal hatte er, vom Schmerz überrascht, laut geschrien und gehört, wie sich sein Schrei im Schulhof verbreitete, durch das kleine, niedrige Tor schlüpfte, bis auf die Straße ging. Er war bestraft und in die Ecke gestellt worden.

Er hatte gelernt, so zu tun, als spüre er nichts: sie kniffen ihn zu zweit: auf einer waagrechten Stange sitzend, von zwei seine Arme einschließenden Scharnieren gehalten, betrachtete er das Stockwerk des gegenüberliegenden Hauses, wobei er das Viereck des Fensters anstarrte; wenn man die Augen schloß, wurde der Schmerz schwächer: »Sag es doch, daß du so ein Dreckjude bist«, sagten sie zu ihm, obgleich er gar keiner war.

Dieses Mädchen nun schnalzte mit dem Finger, und ohne daß sie auch nur die Wand angesehen, ohne daß sie auch nur den Kopf umgedreht hatte, rief sie: »An der Wand sind Tintenkleckse.« Ihre Stimme war klar, glatt, glücklich. Die Lehrerin stand von ihrem Schreibpult auf und in einer einzigen Bewegung wurden alle Nacken zu Gesichtern. Sie ging auf ihn zu – es gab keine Veränderung in ihrem Gesicht, während sie ging – und an der Wand angekommen, machte sie kehrt. In seinem Innern wurde er von einer senkrechten Scheibe in zwei Teile getrennt.

Nachdem die Lehrerin an ihr Schreibpult zurückgekehrt war, zog sie eine Schublade auf; die Angst hinderte Arthur am Atmen.

Die Brüder der großen Mädchen warteten nach der Schule auf der anderen Straßenseite: er tat so, als sehe er sie nicht; er kehrte auf großen Umwegen in die Buchenwäldchen zurück, verlor sich manchmal im waagrechten Blattwerk der Sträucher am Waldrand. Zwischen den geraden Bäumen schien die Landschaft in senkrechten, hellgrünen Stücken durch, darüber Himmelweiß. Sie erwarteten ihn an dem von weißgestrichenen Balken gesicherten

Ausgang, wo er vom Rad steigen mußte. Er lief so schnell, daß vor seinen Augen alles rot wurde: er sah nichts anderes als den flachen Strich des Weges inmitten der Hindernisse. Er war mit großer Verspätung heimgekommen, die Mutter war unaufhörlich treppauf, treppab gelaufen, die Ellbogen auf jeder Seite des Kopfes vorgestreckt, sich auf jedem Treppenabsatz Dramen erfindend.

Er schlug auf sie ein, warf alle Gegenstände nach ihr, deren er habhaft werden konnte. Daß man ihn verfolgte, durfte er nicht eingestehen: die Mutter hätte ihn beschützen wollen und unter dem allgemeinen Hohngelächter der Mitschüler hätte sie ihn in die Schule begleitet. Seine Schläge hatten Rhythmus und Schwung bekommen, er summte vor sich hin, während er sie schlug, so wie sie selber sang, wenn sie ihn, mit den Nerven am Ende, verprügelte. Und doch sah er nur die Gepäckträger ihrer Fahrräder: schwarz lackiert mit einer Federklammer: man fuhr mit seinem Gepäck dahin: man wurde hinter sich länger. Und er hatte keinen Gepäckträger. Er hatte hinten nur ein klapperndes Schutzblech. Ein andermal hatten sie ihn zwischen zwei Fahrrädern eingeklemmt und ihm mit einer Gerte auf die Beine geschlagen.

Und doch war es diesmal Furcht und nicht Angst. Er hatte gar nicht gemerkt, wie er von seinem Platz aufgestanden war. Vielleicht war ihm nicht einmal gesagt worden, er solle zum Rektor gehen. Nur wenige Jungen aus seiner Klasse wurden zu ihm geschickt. Bis sie zurück waren, lief alles anders ab als sonst, sogar die Stimme der Lehrerin war verändert. Sobald der Junge zurückkam, sahen ihn alle Augen von Kopf bis Fuß an, versuchten zu erraten. Einige kamen hoch erhobenen Hauptes zurück, sie gingen schnell und ihre Bewegungen waren genau die gleichen wie zuvor schon, als man sie Kreide holen schickte; andere wiederum kamen mit zitternden Lippen und tränenglänzenden Augen zurück und setzten sich vorsichtig auf den äußersten Rand der Bank. Weinend und flehend hatte ihr Gesicht »das« erlebt, und dieses Gesicht war, während dies unter ihm geschah, dieses Gesicht geblieben. Was hatte es durch den Tränenschleier hindurch gesehen?

Aus allen Klassen kamen Geräusche und Stimmen, die er zum ersten Mal von draußen hörte: für die andern war es das Drinnen. Das Rektorzimmer lag ganz am Ende.

Eines Sonntags war er dem Rektor in einer nahen grauvioletten Lichtung begegnet, kleine Pfade liefen zwischen dem Heidekraut dahin bis der Wald wieder begann. Mitten auf der Brust, auf dem Gilet, trug er seine Melone, die von einer kleinen, die Finger einer Hand imitierenden Klammer gehalten wurde. Dieser Mann, hoch wie ein Turm, war an ihm vorbeigegangen, war sein eigener Hutträger geworden. Bei jedem Schritt hob und senkte sich der Hut: im Rhythmus der Schritte wackelte er hin und her, unbeugsam und lächerlich, aber praktisch. Man grüßte sich und nach einigen Schritten fragte die Mutter: »Ist der auch ein Nazi?«

Dann hatte er ihn auf dem Schulhof wiedergesehen: riesig, in brauner Uniform, mit aufgeblasenem Gesicht, steif wie ein Baumstamm. Alle Schüler hatten sich in einer Reihe aufstellen müssen. Sie hatten zusammen den Hitlergruß gemacht und es sah aus wie ein Dach mit einer einzigen Neigung; sie hatten gesungen: »Die Fahne hoch!« Er hatte den Mund aufgemacht und so getan, als singe er mit, aber kein Ton war aus seiner Kehle gekommen. Als der Rektor sich umdrehte, hatte er sein rotes, glattes Genick auf dem Kragen liegen sehen, eine runde, dicke Blutwurst, und er hatte sich gefragt, ob er manchmal diese ganze Masse, dieses Volumen, das er einnahm, auch spüre.

Als er ins Rektorzimmer kam, war die Furcht so groß, daß er nur noch Pappe war mit Bewegungen drumherum. Der Rektor saß an seinem Schreibtisch, zwischen den beiden Fenstern, die Oberseite des Tisches wirkte wie ein erhöhter Fußboden, für den er, Arthur, selbst stehend zu niedrig stand. Aber zwischen dem Tisch und der Tür war hierfür Platz. Vielleicht war der Raum deshalb so groß?

Wenn ein Schüler an die Tür klopfte, wußte der

Rektor sofort, warum er kam. Er ließ ihn lange warten, da das Warten das Wesentliche der Strafe war.

Neben dem Tisch stand ein verglaster Schrank, mit grünen Vorhängen bespannt, die an beiden Seiten vorgezogen waren, als ob jemand dahinter wohnte. Auf den Zehenspitzen stehend suchte der Rektor mit ausgestreckten Fingern und den gleichen Bewegungen wie sein Vater damals den Rohrstock. Mit einer Stimme, die von unterhalb seiner selbst kam – war es, um einen Aufschub zu bekommen? – hörte er sich Silbe um Silbe sagen: »Ich habe Tintenkleckse an die Wand gemacht.«

Am liebsten hätte er sich erbrochen. Als der Rektor in einer drehenden Bewegung, die er oft getan zu haben schien, sich mit ausgestreckten Armen nach ihm umdrehte, glaubte er sich winzig, zusammengeschrumpft zu sehen, wie eine kleine Kugel an einem Rohrstock hängend, oder vielleicht war er noch im Schrank: durch das grüne Licht hindurch hörte er die Stimme sprechen, draußen, außerhalb des Schranks. »Hosen runter!«

Bewegungen, die Finger verfingen sich in den Hornknöpfen und dem Leder der Sepplhose. Sie logen also, die Jungen, die mit steifem Gang und starrem Blick ins Klassenzimmer zurückkamen und einfach nur sagten, sie seien ausgeschimpft worden. Auch sie trugen kurze Hosen, als seien sie eigens dazu gemacht, daß man die Spuren der Strafe sah.

Vielleicht erinnerten sie sich an ihre ganz eigene Weise zu weinen, mit den Füßen aufzustampfen und zu flehen. Waren sie verwirrt, wenn sie an diese Augenblicke zurückdachten? Ein seltsamer Stolz beherrschte sie und sie wiegten sich auf ihren Rädern in den Hüften; ganz oben auf ihren Schenkeln kreuzten sich bläuliche oder violette Streifen: sie versteckten die Zeichen der Rute nicht, so, als rühmten sie sich ihrer.

Nun, der erste Schlag war so heftig, daß er nicht daran glaubte, dann ein zweiter: sein Herz war stehengeblieben, er konnte nicht einmal schreien, sein Mund umrahmte die Leere; der dritte Schlag schließlich mit dem Schrei und dem Aufbäumen: vom Stuhl gefallen, die Füße im Leder seiner Hosenträger verfangen, kriechend; dieser Schmerz, der größer war als er und der nicht wußte, daß er erst elf Jahre alt war. Man hatte sich geirrt. Das war also möglich: war das der Grund eines jeden Verbrechens?

»Geschrien wird nicht, sonst gibt es drei weitere.«

Durch die Tränen hindurch sah der Flur aus, als sei er rund, ein farbiger Tunnel. Er machte stürmisch die Tür zum Klassenzimmer auf und schrie in die Leere des Raums vor ihm hinein – er sah alle Schüler von vorn: »Ich war's nicht, ihr Schweine.«

Mitten in der Schulstunde hatte er den breiten, hellen Strich der leicht abschüssigen Landstraße für sich gehabt. Im gleichen Augenblick, in dem er die Kleckse gesehen hatte, hatte er auch schon gewußt, daß die Mädchen sagen würden, er sei es gewesen. Man konnte mit niemandem darüber reden und vor allem nicht mit den Eltern: sie durften ihn sich nicht nackt vorstellen können, wie er strampelte, brüllte, sich kein Bild von dem machen dürfen, was nicht gewesen war: eine Bank, Fesseln, Bilder, die von wer weiß woher kamen: Obstgärten, in denen man sechzehnjährige Apfeldiebe erwischt hatte, sie waren im hohen Gras davongelaufen, vor ihnen der geschlossene Zaun, man hatte sie geschnappt, ausgezogen, mit Ruten gepeitscht.

Niemand folgte ihm, die Landstraße war menschenleer, als die Häuser wieder anfingen, ging keine Tür auf, kam niemand heraus, um ihn in die Schule zurückzubringen. In Höhe seines Elternhauses – wobei er sich selber gegenüber so tat, als wohne er gar nicht dort – sah man schon von weitem die kleine Baracke hinten in Hans-Joachims Garten, er zuckte zusammen, war er deshalb gekommen?

Die kleine Tür zum Gemüsegarten stand offen. Sie spielten oft zusammen und er war stolz darauf, daß ein so Großer mit ihm spielen wollte. Manchmal kam Hans-Joachim ganz nahe und die Luft zwischen ihnen schien zu vibrieren. Sie hockten sich in diesen ebenen, offenen Raum inmitten der Gebüsche, wie in einen grünen Tunnel.

Er trat in die Hütte und dort herrschte ein verkehrtes, helles, graues Licht; Bretter lehnten an der hinteren Wand. Auf dem Boden feine, graue Erde, zerbröselt, festgetreten von Schritten, ein Stuhl mit abgebrochener Lehne und ringsum, sich wiederholend, zahllose Spuren von Stuhlbeinen, die sich überlappten und überschritten, sie waren auf kleinstem Raum um sich herumgeschoben worden, als habe man den Stuhl heftig bewegt. An eines der Stuhlbeine war eine Schnur gebunden.

Niemand war also hergekommen seit jenem Tag, an dem die fast allzu großen Wolken am hochstehenden Himmel dahingezogen waren, an dem der Wind die Hecken niedergebogen hatte und sie dabei stellenweise flachdrückte, wie ein Handballen und das Dach der Baracke abdeckte. Er hatte die helle, flehende Stimme Hans-Joachims gehört und die dunkle, herrische Stimme des Erwachsenen. Die Gerüche, das Holz, die Blätter waren überdeutlich geworden, das Licht war präzise zwischen den Schatten der Wolken. Das Geräusch einer Gürtelschnalle. Stille. Der Wind verbarg und entblößte den Würfel der Baracke. Schluchzer. Der Junge weinte. »Tu dein Zeug da auf das Brett.« Der Wind schoß in Böen herab. Und er war stehengeblieben, erstarrt, festgenagelt an die Stelle neben der Hecke, einige Schritte davon entfernt. Und dann, wielange danach? – die Stille war so groß, daß er das Reiben des Jungen vernommen hatte, der sich auf den Stuhl legte – dieses Klatschen, dieser Schrei, der tief aus der Kehle kam, tief aus dem Körper selber, dieses nochmalige Klatschen auf die nackte Haut, diese helle, zitternde Stimme: »Papilein, Papilein, ich tu es nie wieder.«

Rechts kam sofort der Buchenwald, dann in der Ferne die Spitzen der hellen Pappeln am indigoblauen Himmel. Von dort ging es wieder nach Schönigstedt und in die gerade Ebene: von der Stille zurückgeworfen Geräusche von Eisenfelgen auf dem sandigen Pflaster, Kreissägen, ein Lastwagen, der anfuhr; kein Schrei. Ganz in der Ferne sah er die ersten Schüler die Landstraße heraufkommen. Auch er würde so aussehen, als käme er aus der Schule.

An der Landstraße wechselten Zäune und Hekken dicht an dicht miteinander ab, Farbstellen, flaches Grau oder saftiges Grün. Er hatte von weitem ihren Garten erkannt, er verlangsamte seine Schritte in Höhe der Bretterbude. Er hörte es schluchzen, wo er es vorher hatte schreien hören: Schluchzer, die er von sich selber kannte, auseinandergezogen, breit, die das Register der ganzen Stimme einnahmen. Über der Hecke, der Leere der Gärten, sprachen Stimmen von Garten zu Garten: »So muß man diese Taugenichtse erziehen, eine anständige Tracht Prügel, was anderes verstehen die nicht.«

Stimmen wiederholten die gleichen Worte, gaben sich lachend, zufrieden, Antwort, Eimerhenkel fielen herab, Teller stießen aneinander, hier und da das Geräusch von Brettern. Und mittendrin, hin und wieder, das Schluchzen, das von der gleichen Stelle kam, aber man sah nur das Dach der Baracke, das schräg wie eine Mütze darauf lag.

Er war der einzige in seiner Klasse, der in einer großen Villa wohnte, mitten in einem Garten, in dem man die Landschaft wechseln konnte. Mit wenigen Schritten konnte man von einem Morgenraum – zitternde Birken an einem Tennisplatz – zu einer Nachmittagslandschaft überwechseln – große Bäume, Gras, in das die Sonne hineintauchte. In der Mitte der Würfel des Hauses. Er hatte schon im voraus die dumme, gebogene Kleiderbürste erkannt, sie lag auf ihren rauhen, gelben Borsten, die sich nicht bewegten und über ihnen, ihre Form wiederholend, der Rücken aus versilbertem Metall mit einer reliefartig eingravierten Szene. In der Hand hielt man die wie hierzu geschaffene Rundung des Stiels. Vielleicht würde sie sich in eine Puppe verwandeln, die durch Gebrauch stellenweise glänzend geworden war: sie unter den Füßen zertreten, sie würde waagrecht auseinanderbrechen, die Ränder würden ausfasern, sich öffnen. Oder vielleicht war es umgekehrt, vielleicht ging er schon künftigen Unterwerfungen entgegen? Die Wut, die in ihm stand, verdunkelte seine Augen: die Mutter durfte nichts erfahren. Sie wich zurück, versuchte ihm die Bürste aus den Händen zu nehmen. Sobald der Raum vor ihm frei war, lief er die Treppe hinauf.

Das abgenutzte Weiß des Kinderzimmers; die beiden Fenstertüren gingen auf den Balkon, das weiße Büffet, in das man die Spielsachen einräumte und dessen beide Türen sich dunkel auf kleine, kubische Kammern öffneten, in denen zu leben man sich bisweilen vorstellte.

Von sehr weit her, irgendwo aus der Tiefe seines Kopfes, kam ein kleiner, schwarzer, runder Klecks näher; ein Purzelbaum und schon steckte man kopfunter mitten drin, und die Füße schauten heraus; ein glatter, eingewachster Klettermast, der in den blauen Himmel hineinragte, ein mit Schleifen geschmücktes Rad obendrauf, Schinken, dic an Seilen hingen und sich langsam um sich selber drehten, jeder in eine andere Richtung. Er kletterte ganz nackt hinauf, umklammerte den Mast mit den Schenkeln, er versuchte in kleinen Schüben hinaufzukommen. Unten hob die Menge den Kopf.

In das Bett mit den weißen Pfosten, in dem er noch schlief, hatte man seinen Lieblingsteddybär gesetzt. Wenn er einschlief, legte er ihn sich aufs Gesicht und es waren die gleichen Träume, die sich wieder einstellten: sein Gesicht wurde von sanfter, drückender, ihn umschmiegender Wärme eingehüllt, aber der Teddybär war nur Trockenes, Schmales mit vierfacher Berührung, eine auf seinem Gesicht liegende trockene Verkrampfung. Es kam ihm vor, als fiele er in einen Brunnen, dessen Backsteinreihen eine um die andere an seinem Blick vorüberzogen; das etwas hohle Geräusch eines jeden ausgerissenen Beins. Die Verzweiflung, allmählich angesammelt, stieg aus der Tiefe seiner Seele hoch. Schreiend, den Rumpf des Teddybärs in der Hand haltend, lief er die Treppe hinunter: »Schau her, was du mit meinem Teddybär gemacht hast«, schrie er die Mutter an. »Warum hast du das mit meinem Teddybär gemacht?«

VIII

Dreißig Jahre später, als gäbe es nur dort noch Speicher: über einer anderen Landschaft dieses schmale Dach, auf dem die weite Helligkeit des Draußen liegt. Die weißen Schränke von einst.

Und plötzlich wiederentdeckt dieses Bilderbuch der Kindheit mit den dunklen Bildern: die Silhouette der Stadt steht, von hellen Fenstern durchbrochen, schwarz vor dem gelben Himmel, die festonierte Linie der Häuser hebt sich von einem tiefblauen, sternenübersäten Himmel ab und auf beiden Bildern fliegen Kinder, an bunten Luftballons hängend, davon.

So ist es mit Bildern, die intakt, unveränderlich, nie das Gedächtnis verlassen; um sie herum bilden sich alle Erinnerungen, alle Orte, alle Landschaften – diese Waldränder, die Nacht – die undeutlich und gegenwärtig wieder auftauchen. Man nimmt das Buch mit und es verschwindet versehentlich, als sehe man die wiedergefundenen Gegenstände nur für einen kurzen Augenblick.

Man hatte gelernt, sich nicht zu verirren, den Rahmen um sich herum zu bestimmen, über Wege zu gehen, um die herum sich die Umgebung entfaltete. Durch den Körper hindurch spürte man, wie der Raum angeordnet war: links die Bille, die bis zur Eisenbahnbrücke durch Wiesen floß. So hatte man auch den Raum dieses Buches erkannt. Doch am Ende dieser Landschaft, die sich in ihm ausbreitete, war immer die graue Bretterbude im Garten Hans-Joachims.

Er kehrte immer wieder dorthin zurück, als lese er darin bereits sein eigenes Jünglingsalter: als könne er das wiedersehen, was er noch nicht gesehen hatte, als ob das, was sein wird, noch sei. Man war genau an der Stelle, die der andere einnahm, der Körper war umgeben von der Kühle der Außenwelt; in die Zukunft kippte man: das Kreuz hohl vor Angst, das Ziehen des Schlags, das Pfeifen des Rohrstocks in der Luft, das Feuer, der Wahnsinn und diese Stimme, der man lauscht und die man nicht kennt, diese Stimme, nach der man schreit. Diese Biegung der Bahngleise, über die der Zug fahren wird: in der Brust eine runde, undurchsichtige Kugel, ebenfalls ein Zukunftsbild: an einen Schemel gefesselt, einen Arm an jeden Fuß gebunden, das Auge beobachtet die Hand und das Stöckchen, das sie verlängert, im Halbkreis um ihn herum die anderen Jugendlichen: ein Ersticken und sofort ist das Bild erloschen.

Er hatte zum Spielen die Seite gewechselt, er spielte nicht mehr im Osten, dort, wo man ihn sah, vor dem Haus. An dieser Seite führte, parallel zur Schöningstedterstraße, die gepflastert war, ein breiter Weg aus grauer Erde mit flachen Wagenspuren vorbei, die Kückallee. Man konnte an seinem eigenen Garten vorbeigehen; durch die Hecke hindurch erkannte man noch die kleinste Rasenfläche. Nach einigen Schritten kam man an einem anderen Zaun vorbei, hinter dem man noch nie gewesen war und in dem alles, was man sah, unbekannt war. Dabei stand hinten eine ganz ähnliche Villa, ebenfalls gelb, mit einem ähnlichen Giebel und der gleichen Anzahl von Fenstern, alles war ähnlich und nichts war dasselbe: es war, in einer falschen Wiederholung, sein eigenes Haus, in dem jedoch nicht sein Zimmer lag. Der Garten war üppiger, hohe Pflanzen ragten daraus hervor.

Gegen Nordosten erstreckte sich die Ebene: er wußte, wo sie begann, schnurgerade vom Frost im Winter, weiß von Hitze im Sommer; Schönigstedt und Prahlsdorf lagen am Ende, nach rechts zu. Ganz in der Ferne wurden die Bäume am Horizont zu winzigen Kugeln, die in der Luft zu schweben schienen. Die Einwohner gingen schnell und hatten einen starren Blick, sie wohnten in niedrigen Häusern mit Holztreppen davor, deren Stufen man knarren hörte. Von Ferne stellte er sich die Holzhütte vor, in der Hans-Joachim bestraft worden war, dort, dicht an der Landstraße.

An jenem Tag nun sah er ihn im leeren Hof des Hauses, sich von der grauen Mauer abhebend, hinter seinem Vater auf einem Motorrad sitzen. Zwei Räder, eines hinter dem andern, zwei Körper darauf; auf beiden Seiten, längs des Motors, die in Wadengamaschen gewickelten Beine des Vaters, die schwarzen Schuhe und der Körper, der sie verlängerte, dann, in der gleichen Stellung, wie eingepaßt, Hans-Joachim, mit bloßen Beinen, der Sattel hatte ihm die kurze Lederhose hochgestreift.

Das Motorrad sprang nicht an. Der Vater erhob sich ganz, er stand auf einem winzigen, waagrechten Metallstift und plötzlich das Knie beugend, trat er nach unten durch und kam wieder hoch. Hans-Joachim hingegen blieb in der gleichen Haltung wie vorher sitzen, als ob sie schon führen: er schaute nach da und nach dort, er hatte nichts damit zu tun. Plötzlich fing das Motorrad an zu knattern, wurde von aufeinanderfolgenden Stößen geschüttelt und die Bewegung warf beide gleichzeitig nach vorn und nach hinten. Das Gesicht des Jungen, schon auf den Start gefaßt, war nach vorn gerichtet, und das Motorrad entführte sie beide, einer hinter dem andern sitzend, ohne daß sich irgend etwas in ihnen geändert hätte. Und er stand da als Zuschauer und sah zu. Wäre er aus einer Form genommen worden, die Scham hätte seine Gestalt gehabt.

So sah man die andern, die nichts davon wußten: körperstarr, mitsamt ihren Gebärden, die sie mitnahmen.

Das Pferd des Gemüsehändlers hob und senkte den Kopf, der Wagen hinter ihm stand unbeweglich mit seinen Rädern und seinen treppenförmig angeordneten Regalen. Der Gemüsehändler, mit einem Lederschurz bekleidet, stand daneben und sprach mit Arthurs Mutter: zwei Rücken, zwei ebene, ein wenig gewölbte Flächen, bedeckt mit gespanntem Tuch, und drumherum Gebärden, nebeneinander, ein Arm wurde gehoben, der andere gesenkt: der eine der beiden Rücken war braunbeige-gestreift, der andere war dunkelgrün, einer davon war die Mutter.

Der dunkelgrüne Rücken bückte sich ab und zu und man sah ihn ein Kistchen hervorziehen oder ein Stück Gemüse hinhalten. Er verkaufte auch Lebensmittel: »Ach, bei Ihnen ist der Pfeffer aber wesentlich billiger«, hörte er; diese Stimme kam von dem braunbeige-gestreiften Rücken, dieser Rükken wurde Profil, es war die Mutter, mit den Armen rudernd; sie ging ins Haus, wobei sie über den Rasen hinweg sehr laut mit Arthurs Vater sprach, der im Innern des Hauses war; das geöffnete Fenster bildete ein schwarzes, viereckiges Loch: das Geräusch einer umgekehrten Stimme drang heraus und dieser Körper, seine Mutter, drehte sich um und rief absurderweise im Gehen und mit den Armen fuchtelnd, dem Gemüsehändler zu: »Machen Sie mir davon ein Pfund!« Und der Gemüsehändler hatte sich sogar erboten, ihr die Einkäufe in die Villa zu tragen.

Während er zurückging, hörte man die Haustür zuschlagen. Er kletterte wieder auf den Sitz des Wagens: nach vorne gebeugt, hoben und senkten sich seine Schultern, manchmal hielt er sich die Hand vor den Mund, er lachte. Er zog an den Zügeln, schnalzte mit der Zunge, die Holzspeichen der großen Räder gingen auf der einen Seite der Nabe nach unten und kamen auf der anderen wieder herauf. Und es war das gleiche Rad, das sich so *drehte,* mit diesem ganzen Gestell darüber und dem darauf sitzenden Kutscher: er fuhr an, mit dem Rücken ihm zugewandt. Er hob den Arm und mit dem Finger, fast ohne die Hand zu bewegen, tippte er sich mehrmals kurz an die Schläfe.

Und seine Mutter ahnte nichts; der Bahnhofsvorplatz kam ihm in den Sinn; er beugte sich vor Scham: man pfählte ihn; sie fiel zur Seite und aus dem Pedal auf dem Pflaster sprangen Funken. Der Zug hatte jedesmal, wenn er hielt, mit allen Türen zugeschaut und jetzt entfernte sich das Pferdefuhrwerk mit dem Gemüsehändler oben drauf, der sich mit dem Finger an die Stirn tippte. Ein oder zweimal noch bäumte er sich auf unter dieser Scham, die ihn durchdrang.

Er hatte seine Spiele also in den anderen Teil des Gartens verlegt. Hans-Joachim sollte kommen, um mit ihm zu spielen.

Eines Tages hatte er ihn auf der anderen Seite der Hecke vorbeigehen sehen und Hans-Joachim hatte zu ihm gesagt: »Sollen wir spielen?« Seine Stimme – und dabei waren sie beide draußen – schien ihm von außen zu kommen, als ob die Hecke aus dem Garten ein Zimmer machte.

Und sie hatten gespielt: Steine schleppen, von einer Stelle zur andern, Verstecken, und manchmal waren Hans-Joachims Bewegungen allzu heftig, allzu lang oder allzu kurz. Er war ein paar Mal wiedergekommen und Arthur stellte sich unwillkürlich die Hütte vor: die auf die Dachpappe geklebte Holzmaserung: das kleine Dach mit der Neigung zum Gemüsegarten hin: im grauen Innern der Hütte, in der Mitte, kaum aus dem Halbdunkel tretend, die Umrisse von Hans-Joachims Körper, vielleicht vorgebeugt oder vom Schmerz aufgerichtet, während die Birkenreiser ihr vielfältiges, transparentes Geräusch wiederholten.

Sie waren in den Garten hinausgelaufen und er war vor Hans-Joachim hergerannt, er hatte ihm den Eingang seines »Tunnels« aus Grün gezeigt:

diese von zwei hellen Stellen eingefaßte Dunkelheit, in der sich dünne Stiele und Stämme, die aber schon, wie richtige Bäume, eine Rinde hatten, schräg aufrichteten. Man saß dort auf einem gleichmäßigen Boden, man unternahm Reisen und der Blick ging von Stumpf zu Stumpf.

Plötzlich war seine Stimme aus ihm herausgekommen, ohne daß er überhaupt merkte, daß er Worte formulierte: »Gib mir auch eine Tracht Prügel.« Mit steifen, gebrochenen und doch geschmeidigen Bewegungen, die nicht zu ihm zu gehören schienen, rückte er näher zu Hans-Joachim, der plötzlich seinen Kopf packte und ihn an sich drückte. Er war eingeschlossen in eine dunkle, sanfte Nacht, in der er vielleicht schon immer gewesen war: eine Nacht, die sich warm den Umrissen seines Gesichts anschmiegte. Über sich spürte er die Bewegungen Hans-Joachims als seien es die seinen.

Hans-Joachim richtete sich ruckweise auf, preßte die Beine zusammen, stemmte sie fest gegen den Boden, warf sich über den Kopf des Jungen und bildete über ihm ein dichtes, geschlossenes Dach. Man konnte hier für alle Zeiten Schutz finden. Man hörte zwar die Geräusche, aber seltsam fern. Doch hörte er, daß er beim Namen gerufen wurde, die Stimme der Mutter zog das »U« seines Namens betont lang. Augenblicklich streckten sie beide die Arme aus und taten so, als bauten sie eine Hütte, dann kam jeder, als seien sie schuldig, aus einem anderen Ende des Gebüschs heraus. Er lief zu seiner Mutter, die vor dem Haus stand, und um ihr nicht sein Gesicht zeigen zu müssen – welches Zeichen sollte man wohl darin lesen können? – stieß er ihr tief ins Kleid: es war hohl wie ein Zelt und an den Seiten herrschte eine geschlossene, fast harte Wärme. »Wie erhitzt du bist«, sagte sie zu ihm. »Ich habe mit Hans-Joachim zusammen eine Hütte gebaut.« Diese letzte Haltung, in der sie erstarrt waren, das also war die Wahrheit. Als er sich umdrehte, noch an seine Mutter gelehnt, um seine Worte wahr zu machen, sah er Hans-Joachim zwischen den beiden Teilen des Gartens stehen, an dieser unsichtbaren Grenze, wo man noch nicht im Vorgarten und noch nicht im hinteren Garten ist, wo der Rasen aufgehört hat, wo die Schatten schmäler sind und die Pflanzen zahlreicher.

Auf der anderen Seite – auf dem Rasen – stand viel zu klein, rund, der Tisch, an dem der Nachmittagskaffee eingenommen wurde. Das Tischtuch, das darauf lag, reichte kleidartig bis zum Boden hinab. Tassen und Teller folgten einander Glanz an Glanz, glatt und rasch in diesem Draußen, wo alles sich rauh anfühlte. Er hörte kaum seine Mutter sagen, daß Hans-Joachim sehr lieb sei, weil er mit einem kleinen Jungen spiele. Sie ging zu ihm und lud ihn zum Vier-Uhr-Kaffee ein.

Sie wurden nebeneinandergesetzt. Vor seinem

Blick, noch verbreitert durch die Sitzfläche, die nackten Schenkel Hans-Joachims; dort, wo die kurze Lederhose aufhörte, auf der Haut, ein paar rosige Streifen, am äußeren Ende leicht karminrot. Er war stolz, daß Hans-Joachim sein Freund war.

Und doch hatte er sich hinterher so versteckt. Er hatte sich mit allen Kräften dagegen gewehrt, daß man ihn auszieht oder ihn wäscht. Er hatte geschrien, daß er das selber machen könne, und er hatte sich, als er aus der Schule nach Hause kam, auf dem Klo versteckt, um sich zu betrachten, die bläulichen Flecke hatten mindestens drei Tage gebraucht, bis sie rosig geworden waren. Sie durften das niemals erfahren; er war erst beruhigt, als nur noch eine rosige Färbung übriggeblieben war. Vor ihm, in Reichweite, reichten einige Streifen fast bis zur Vorderseite des Schenkels. Hans-Joachim hatte vor Schmerz ausgeschlagen, die Rute war ausgerutscht. Und er verbarg es nicht.

Ab und zu fielen die Blicke der Eltern auf diese Stelle von Hans-Joachims Haut, gingen dann in die Bäume oder aufs Tischtuch, doch ein gespannter Faden führte immer wieder zu diesen rosigen Zeichen zurück. Und er, der da saß, war er noch zu jung für sich selbst? Es war ein künftiges Schwindelgefühl: eine Hand hielt ihn unbeugsam fest, als finde die Zukunft schon statt, sei aber noch nicht da: es blieben soviele Wolken, soviel Sonne, soviele Ebenen zu durchqueren, und doch war da eine seltsame, entscheidende Vision: eines Tages würde es sein. Woher wußte er nur, daß ihn diese Strafe, tränenüberströmt, mit gefesselten Händen, flehend, nackt, aufwallen lassen würde, daß er stolz darauf wäre, so stolz, daß er im Wäldchen vor sich selber auf die Knie fiele? Man erlaubte ihm, Hans-Joachim nach Hause zu begleiten.

Und das Gedächtnis merkt sich den Tag, an dem man zum ersten Mal die Nacht hereinfallen sieht. Je weiter der Himmel wurde, desto tiefer sank die Nacht vom Horizont herab, und vor der gelben, nach oben hin dunkler werdenden Helligkeit hoben sich die Stämme und das Geäst der tiefschwarzen Obstbäume ab, als verglühten sie an einem dunklen, fernen Feuer. Von fern drangen abwechselnd die Stimmen der Eltern zu ihm herüber, die von einem Zimmer zum andern miteinander sprachen. Er verstand ihre Worte nicht, aber als er die Stimme der Mutter hörte, erkannte er diese Angst wieder, dieses »Nein«, das sie rief. Es war von ihm die Rede, von diesem ihm, der er nicht wahr.

Der Lichtschalter, ein Korpus aus weißem Steingut, senkrechtes Geschirr, ein voller Henkel, den man zwischen zwei Fingern drehte, beide Seiten waren etwas hohl geformt, damit man sie besser greifen konnte. Er drehte sich schon, noch ehe er schaltete. Er sah den Korbkoffer genau in dem Augenblick, in dem das Licht aufblitzte, sah ihn in allen Einzelheiten, man hätte meinen können, er habe ihn schon in der Dunkelheit erahnt, er wußte, daß er da war. Er war nur hereingekommen, um sich seiner Gegenwart zu versichern, und das erste, was er bemerkte: der Korbkoffer stand in umgekehrter Richtung zum Speicher: sein Deckel war links. Hatten sie ihn offen oder geschlossen heruntergetragen? Er war aus Weiden, wie die Weiden, mit denen man die Kinder auspeitscht.

Das Merkwürdigste waren die Metallschlösser, die in den Weidenrohren steckten. Man konnte, noch besser als auf dem Speicher, die Innenseite aus ungebleichtem, ockergrauem Leinen sehen, mit großen Stichen genäht. Es war *noch* nichts drin. Mit einem Schlag warf er den Deckel über sich zu. Er konnte ihn leicht mit der Hand hochheben. Es herrschte ein etwas mattes, etwas gräuliches Licht; durch die Maschen des Stoffes hindurch erkannte man die Gegenstände, die sich in der Helligkeit abzeichneten. Man konnte transportiert werden. Man schaukelt bei den Bewegungen ein wenig hin und her und wird ganz nach einer Seite geworfen, wenn der Korb zum Beladen schräg gestellt werden muß. Überall ringsum Geräusche, Wasserdämpfe, Schreie, ein weites Raunen. Und er liegt ganz unten rechtwinklig in der Ecke: trotz des Lärms hört er deutlich den Atem des Trägers, der mit dem Korbkoffer auf dem Rücken dahingeht, er hört die

Hände, die ganz nahe bei ihm manchmal die Stelle wechseln, um besser greifen zu können, sie bilden zwei dunkle Flecken auf den Lichtritzen. Bei Richtungsänderungen spürt er, wie er selber um die Ecke biegt, das Licht wird diffuser, es steht nicht mehr so hoch, der Träger stellt den Korbkoffer auf eine lange Rutsche: man hört es quietschen. Der Deckel geht mit einem Schlag auf, man zieht ihn weiß, nackt daraus hervor, man hält ihn mit der Hand und schlägt ihn mit der anderen mit einer der Weidenruten, die ein Gepäckträger mit einer einzigen Handbewegung aus dem Korbkoffer gezogen hat und durch die viereckigen Öffnungen der Gepäckaufbewahrung sieht er vor sich – von vorn – wie die Reisenden auf ihre Koffer warten und sich das Schauspiel ansehen.

Vielleicht wußte man alles. Vielleicht war er schon schuldig. In seinem Kopf eine hohle Kugel, deren Wände unaufhörlich etwas zurückstießen, es drückte von oben auf die Augen, eine Präsenz, die nicht ausgesprochen wurde und die sich zu einem kleinen Wort zuspitzte, das mit der Zungenspitze ausgestoßen wurde: Jude. Dieses Wörtchen mußte mit dem Korbkoffer in Verbindung stehen: es machte Angst, die Angst stand dahinter: geschlossene Türen, man schaute, irgend jemand würde kommen und einen mitnehmen.

Die Treppe, von Stufe zu Stufe mit einem Teppich bedeckt, lag dem Fenster gegenüber, drehte sich dann um sich selber, so daß nun das Fenster hinter einem lag; es war, als ob jetzt der Blick anders sähe, als ob die Dinge nun sich selber kippten. Unten waren alle Lichter gelöscht, vielleicht, weil die Nacht noch nicht ganz hereingebrochen war. Um zum Arbeitszimmer seines Vaters zu gelangen – dort hörte er sie reden – mußte man durch eine Doppeltür gehen. Sie öffnete weiß, schloß braun. Hatte man die Tür geöffnet, entdeckte man nicht ein anderes Zimmer, sondern einen Drücker in Augenhöhe. Manchmal blieb er lange in dieser kleinen, senkrechten Dunkelheit stehen und stellte sich vor, ein Teil der Wand zu sein, die über ihm weiterging. Von einem Raum zum andern wußte man nichts von seiner Existenz, er wurde zur Wand, verschmolz mit ihr, helle Tapete auf der einen Seite, dunkle Tapete auf der anderen. Er wurde zu einem Punkt und im Innern der Mauer gingen Türen waagrecht auf; er fiel in die Leere von einer auf die andere, sie schlugen zusammen, knallten gegen die Wand und pendelten über ihm hin und her. Er machte die zweite Tür auf, noch benommen von den Folgen dieses Spiels. Sie standen dort, ihm gegenüber, der eine etwas hinter dem andern, und sofort, ohne den Blick zu ändern, ohne eine andere Körperhaltung einzunehmen, sagte die Mutter: »Wir hätten es ihm sagen sollen.«

Im Winter nun hatte bereits der erste Aufbruch stattgefunden. Man hatte irgendwo eine Landschaft hinter sich gelassen. Er erinnerte sich nicht mehr und doch hatte er schon alles gewußt. Zu Weihnachten war man zu seiner Mutter nach Wernigerode gefahren: sie war in einem »Sanatorium«; vielleicht konnte sie einfach nicht mehr, wegen dem ständigen durchs Haus rennen, die Ellbogen nach vorn, die Ohren mit beiden Händen verstopft. Man war in der Ungeduld der hereinfallenden Nacht vom Garten hinter dem Haus aus aufgebrochen. Reisen war für Leute seiner Art verboten, hatte man ihm erklärt. Man durfte sie nicht weggehen sehen, aber im Zug, hatte man ihm gesagt, würde man sie nicht erkennen. Man hatte alle Lichter im Haus brennen lassen, damit die Leute glaubten, es sei jemand da. Er hatte sich nach diesen unbewohnten Lichtvierecken hinter den Ästen umgedreht. Man hatte bei einer Tante in Hamburg geschlafen. In einer Uhr hinter der Scheibe streckte ein Polizist aus Schokolade den Arm aus: Schokolade konnte sich waagrecht in der Luft halten und man konnte in der Stadt sein Haus haben, das im Innern eines anderen hing!

Am andern Tag waren sie mit dem Zug von Landschaft zu Landschaft gefahren und plötzlich war der Schnee hoch geworden. Auf einem kleinen, steilen Platz hatte man ein Auto genommen, das Vorderteil höher als das Heck, des steilen Abhangs wegen, war es bergan gefahren. Die Straße stieg an zwischen den schneebedeckten Tannen, die sie von beiden Seiten einschlossen, aber dazwischen tauchten in Lücken braune, trockene Stämme auf, wo es keinen Winter gab.

Dann hatte man vor einem dachlosen Gebäude gehalten, wo alles geradlinig war; hier konnte es nicht sein, da man seine Mutter nicht sah. Und doch war sie in diesem weitläufigen Gebäude enthalten, sie war hinter einer dieser Türen, die auf einen langen Korridor auf- und zugingen und dabei dunkle Körper vor der verglasten Öffnung im Hintergrund erscheinen und verschwinden ließen.

Sie blieben einige Tage dort: nach Spaziergängen unter einem dunklen Himmel, in kurzen, weißen, von Abgründen unterbrochenen Ebenen, kam man immer wieder in dieses rosafarbene, geradlinige Gebäude zurück. Man aß, familienweise zusammensitzend, in einem riesigen Raum, der durch eine Doppeltür mit den Küchen verbunden war. Die Flügel, braun und flach, pendelten in umgekehrter Richtung hin und her, die eine zur Küche und die andere zum Speisesaal, während das übrige Mobilar unbeweglich blieb. Schließlich kamen sie zum Stehen, ein undeutliches Zittern, das groteskerweise an den Scharnieren hing, lief noch einmal durch sie hindurch, zwei senkrecht im Raum hängende Flächen. In dem Augenblick nun, in dem die Bewegungslosigkeit eingetreten war, öffnete sich der eine Flügel, eine Fußspitze erschien, dann ein Bein und mit Tellern beladen ein Tablett, dessen Ränder die Türflügel aufstießen. Einen Augenblick lang blieb das Ganze auf die Küche hin geöffnet, dann ging die Tür hinter dem Kellner wieder zu. Obgleich sich das sehr schnell abspielte, hatte der Blick doch Zeit genug, alle Bewegungen in ihre Bestandteile zu zerlegen. Und jedes Mal mußte alles von neuem beginnen. Die Tür mußte alles von neuem machen.

Der Kellner war unterdessen schon weit weg, er durchquerte den Speisesaal, eine Hand unter dem Tablett, mit der andern die Teller nehmend, darunter die beiden Hosenbeine, von denen sich das eine nach hinten bewegte und das andere nach vorn, sich in der Mitte kreuzend, ohne je zusammenzukommen, und das Gesicht darüber, das nichts von alledem zu wissen schien, bewegte sich ebenfalls fort und schaute dabei nach vorn, immer noch dasselbe Gesicht, trotz aller Gebärden, dem Tablett, den Armen und den Beinen.

Während des ganzen Essens folgte er ihm mit den Augen: er atmete ihn ein, er inhalierte ihn, er wäre gern er gewesen, hätte gern diese Bewegungen gemacht und wäre gern für sie gehalten worden. Wenn der Kellner in die Küche zurückging, schob er das Bein vor, öffnete mit einem Fußtritt die Tür und *ließ sich durchgehen*. Absurderweise kreuzten sich hinter ihm wieder die beiden Flügeltüren. Eine senkrechte Holzplatte genügte und man war nicht mehr da.

Er hatte mit dem Kellner gesprochen, sein Vater hatte ihn zu ihm geschoben und der Mann hatte sich vorgebeugt, als ob er zerbreche und, zerstreut vielleicht, hatte er irgend etwas zu ihm gesagt, was überhaupt nicht mit dem übereinstimmte, was er gesehen hatte.

Weihnachten sollte hier stattfinden, hinter anderen weißgestrichenen Türen. Alle diese Leute in Kleidern, die sich von ihren Körpern zu entfernen schienen, warteten ebenfalls vor den beiden Flügeltüren am Ende des Saals auf Weihnachten. Alle machten übertriebene Bewegungen und sprachen sehr laut, es war, als ob man es erraten hätte: auch sie fragten sich, was sie bekommen würden.

Die Türen öffneten sich plötzlich auf einen riesigen Saal, in dem ein hoher Tannenbaum stand, von der Art wie man sie im Wald sieht, mit Engelshaar bedeckt. Im knisternden Licht der Kerzen, die zitternde, runde Schatten zeichneten, standen in einer langen Reihe viereckige, mit weißen Tischtüchern bedeckte Tische nebeneinander, auf denen die Geschenke der Familien lagen; jene, auf denen wenig lag, waren weißer als die andern. Es war eine Vielzahl von Weihnachtsfeiern gleichzeitig. Im braunen, schwachen Licht gingen gerade Rücken auf einen Punkt zu. Stimmen, die ihr »Wie schön, wie nett«, riefen. Leute, die zu groß waren und Licht wegnahmen, ruderten mit den Armen, wandten sich nach anderen um, Gegenstände in der Hand; mit dem Flackern von Kerzen und dem Knistern von Seidenpapier vermischte Geräusche überdeckten sich und verschmolzen doch nicht miteinander. Und seine Mutter stand unter allen diesen Leuten und unterschied sich nicht von ihnen. Er erkannte sie kaum wieder. Unbeweglich stand der Tannenbaum da mit allen seinen Zweigen und seinen Kerzen und den Silberfäden des Engelshaars. Er schaute nicht einmal hin, ob auf ihrem Tisch Geschenke lagen; die Lichter verwandelten sich in Glorienscheine, der Strahl zerschellte am Boden mit einem merkwürdigen, flachen Geräusch und bespritzte die Beine der Leute um ihn herum.

Der Zug fuhr an, verschwand wie eine lange Schiebetür und hinter den Pappeln jenseits der Geleise war die Masse der Gegend, daß es den Atem störte.

Franz Kafka: *Hochzeitsvorbereitungen auf dem Lande.*

IX

In der Ferne gibt es immer diesen Punkt am Horizont, zu dem eine gepflasterte, mit Bäumen bestandene Straße hinführt, die, unter allen möglichen Richtungen, in die erwartete geht. Es ist die Richtung, die den Straßen und Landstraßen ihr Gesicht gibt. Es gibt Straßen, die an grauen Tagen der Helligkeit entgegengehen, andere scheinen auf die Dunkelheit zu stoßen. Der Schritt wird langsamer an der Einmündung mancher Wege, mancher Landstraßen, der Atem wird weiter, breiter, tiefer; diese Straßen verlaufen so, wie man schon einmal gegangen ist; wenn man ihnen folgen könnte, würde man immer ans selbc Haus gelangen, an dieselben Bäume. Der Körper findet in den Beleuchtungen, im Himmel von heute die Strecken von einst wieder. Das weite, graue Licht dieses Nachmittags wird nicht schwächer werden, und es ist immer noch der Augenblick, in dem man, am hellen Tag, plötzlich überrascht ist von dem, was man sieht: würde es also einen Tag geben, an dem man diese Bäume, diesen Zaun, diese Straße zur Rechten, die man durch die Hecke hindurch vermutet, zum letzten Mal gesehen hätte? Steht dieser Tag, an dem die Einbuchtung im Maschendrahtzaun, an dem das Dorf, an dem alles aus dem Blick verschwunden wäre, schon bevor, unausweichlich? Und doch würde das Ohr für alle Zeit die fernen Stöße der Güterzüge beim Rangieren im Gedächtnis behalten. Und diese Obstbäume, die sich, Blatt um Blatt, Zweig um Zweig, vom Gold des Abends abheben, die wird man sich anderswo anschauen, weil man nicht mehr da sein wird – sich keine Zeit gelassen haben, nicht Bescheid gewußt haben, ist das fortmüssen? – ein ganz kleiner Schmerz, kaum spürbar; eine Blase, in der man die Landschaft verkehrt herum sehen würde.

Eine undeutliche Angst hatte sich bereits in dem großen Haus breitgemacht: die Gebärden der Eltern waren nicht mehr dieselben, sie waren etwas kürzer oder ganz im Gegenteil allzu gedehnt. Man überlegte sich sogar schon, wie man die Teppiche aufrollen müsse. Wieder einmal war die Rede von Umzug gewesen: zwei sehr große Zimmer über der Buchhandlung Erdmann, ob sie wohl glaubten, sich auf diese Weise unsichtbar zu machen? Die Türstöcke waren aus Ebenholz; große Fenstertüren gingen auf einen gefliesten Balkon über einem Garten, genau hinter der Straße: er hätte auch hier wieder seine Landschaften gehabt.

Die Eltern hatten nicht mehr die passenden Gebärden, wenn sie mit ihm sprachen, ahmten sie sich nach, sie waren bemüht, sich an sich selber zu erinnern, doch sie vergaßen es, sobald sie nicht mehr daran dachten: ihr Blick wurde starr, sie liefen unaufhörlich von Zimmer zu Zimmer, stießen sich an den Heizkörpern und den Kredenzen, gedankenversunken wie sie waren, fanden sie nicht mehr die Richtung. Es bedurfte mehrerer Bewegungen, um eine einzige zu machen, sie täuschten sich über ihre Körper und wenn sie sprachen, fanden sie nicht den richtigen Ton; die Kehle war ihnen zugeschnürt und es gelang ihnen nicht mehr, ihre Stimme richtig einzustellen.

Die Pfeife des Vaters erlosch ständig und wenn er aufs Fahrrad stieg, verlor er das Gleichgewicht. Um sich wieder zu fangen, war er gezwungen, geradeaus zu radeln, weil das aber die falsche Richtung war, mußte er eine Stelle finden, die breit genug war, um wenden zu können.

Die Gegenstände lagen überall herum, volle Einkaufstaschen auf den Möbeln im Wohnzimmer, und seine Mutter leerte unaufhörlich die Reste eines Tellers in einen andern. Sie behielt im Haus ihren Wintermantel an, die Einkaufstasche in der Hand, und wenn sie vom Einkaufen zurückgekommen war, machte sie sich, den Hut auf dem Kopf, eine Liste, weil sie glaubte, sie sei im Begriff auszugehen. Manchmal begegneten sich die Eltern in einer Tür, stießen von vorn aufeinander, und sogleich begannen sie wieder mit der gleichen leisen, eintönigen Stimme die immer gleiche Unterhaltung und brachen sie immer an der gleichen Stelle ab.

Sie sanken jeden Tag etwas mehr in sich hinein und zuckten jedesmal zusammen, wenn es klingelte. Sie hatten keinen Platz und keine Zeit mehr für sich selber. Sie schlossen keine Tür mehr ab und wenn sie eine Schublade aufzogen, vergaßen sie, sie wieder zuzuschieben, sie blieb offen, leicht nach unten geneigt, vor dem Möbelstück stehen. Ein Kleiderbügel schaukelte in einem offenen Schrank. Und ihm kam der Gedanke: vielleicht waren auch sie Juden!

Allmählich, als tauche es aus einem Nebel auf, kam alles an seinen Platz. Daß sie es vielleicht waren, erklärte alle ihre Gebärden, erklärte, warum ihnen die Gegenstände aus den Händen fielen: deshalb zögerte der Vater auch immer einen Augenblick, bevor er die Ladentüren aufmachte und ging nur noch bestimmte Wege. Eines Tages hatte er ihn sogar aus einem Geschäft kommen sehen, wie zweigeteilt vor Zorn, er blieb stehen und streckte auf jeder Stufe den Finger nach innen. Ab und zu machte der Ladeninhaber die Tür auf und sprach von Juden. Und sie waren zusammen nach Hause gegangen und er hatte gewartet, bis der Vater sich wieder faßte, bis diese Starrheit, in die er verfallen war, sich gelöst hatte.

An jenem Tag, an dem der Brief kam, stand er im Straßenanzug im Keller, alle Knöpfe dem Heizkessel zugewandt. Die gußeiserne Ofentür war offen und die Glut zeichnete im Innern einer roten und gelben, von Tälern, Einstürzen, kleinen, hier und da einfallenden Lichtabhängen durchschnittenen Landschaft ihre Form ab; ein unverständlicher Wind bewegte Grate oder glühende Funken, die Kohlenstücke behielten zwar ihr Form, ihr Stoff jedoch hatte sich verändert; alles, was man hineinwarf, krümmte sich augenblicklich und fing Feuer.

Der zu große Brief enthielt das Foto einer Dame in Vorderansicht, deren Augen einen ansahen. Zum Öffnen legte ihn sein Vater, an dem noch der Geruch der Glut hing, auf die Werkbank im hinteren Teil des Kellers, zu den Tütchen mit Pulver, aus denen er seine Farben für die Ölmalerei mischte. Diese Tütchen glichen Samentütchen und manchmal war ein Totenkopf aufgedruckt. Sie trugen auch dicke Farbbalken, die immer blasser waren als das darin enthaltene Pulver, das so fein war, daß es keine Dichte hatte, wenn man mit den Fingern hineinfuhr.

Das Foto war dunkelbraun: Es war das Gesicht einer Dame in Großaufnahme, ihre Haare waren mitten auf der Stirn geteilt, zwei vorgezogene Vorhänge. Es kam aus Florenz. In einem der dicken Bücher hatte er Bilder von dieser Stadt gesehen: eine runde Kuppel mit weißen Rippen, sehr alt, die aber trotzdem heute noch hielt, die gleiche Kuppel durch die Zeit hindurch und etwas weiter – zwischen ihnen die Entfernung – ein viereckiger Turm, der ganz allein da stand und von oben bis unten die gleiche Form hatte.

»Du wirst für einige Zeit dorthin gehen«, sagte der Vater zu ihm, unten im Keller vor den Farbtütchen, als gäbe es dafür keinen anderen Ort. Über ihnen, in einem leeren Raum, wartete, wieder zugeschlagen, der Deckel des Korbkoffers. Von nun an würde man in ihm dieses Kind sehen, weil er nicht mehr zu Hause wäre: Man schob einen Schrank durch einen Raum, er gefror, wäre er frei, sich nackt auszuziehen?

Zuerst war es nur ein kleines Wort, das oben in seinem Kopf aufgetaucht war. Vielleicht war es eine Strafe, weil er zu sehen versucht hatte, ob auch die Eltern nackt sein konnten? War es, weil er gesehen hatte, wie sich seine Mutter im Spiegelschrank spiegelte?

Die Verlegenheit hob ihn hoch, er wurde auf einen unsichtbaren Stiel aufgespießt. War er, ein Kind, älter als seine Kindheit, was wußte er eigentlich? Wie kam es, daß er sich nicht wunderte?

Es war also wahr. Scham füllte ihn aus wie Wasser einen Zellophansack, seine Kleider waren schwer geworden, zuzementiert, kompakt, dick, er spürte, wie sein Körper dagegenstieß. Zwei Hände hielten ihn hoch in die Luft, er tropfte zwischen ihnen ab.

Das war es also, die Mutter war seinetwegen im

Sanatorium gewesen, er sah alles von oben, er verlor sich dort unten aus den Augen. Man schob ihn ab und doch ließen die Eltern die Arme hängen, sie sahen so traurig aus. Aber wenn er schon zu dieser Dame mußte, warum schickte sie dann ihr Foto? Er hatte noch nie ein so großes gesehen! Also trampelte er mit Füßen darauf herum. Die kleinen Unebenheiten des Bodens, die Sandkörper auf den Fliesen des Kellers markierten es mit winzigen Warzen: plötzlich auf dem Gesicht erschienene Pickel. Schon erfaßte sein Blick die Dinge wie im Vorübergehen. Von nun an hätte man zu nichts mehr Zeit. Man würde sich die Orte allzu schnell ansehen, man würde sich keine Zeit mehr lassen, weil es sich nicht mehr lohnte.

Manchmal vergaß er. Aber es blieb eine neue Beschaffenheit in ihm, eine seltsame Freude, eine Erwartung, deren er sich schämte, sein Blick hatte sich auf einen Schlag auf eine größere Entfernung eingestellt, er machte die Hintergründe, die Übergänge zwischen den Gegenständen aus; Reisestrecken waren plötzlich da und am Ende lag schon Florenz im fernen Nebel; der Magen krampfte sich zusammen bei dem Gedanken, daß man, in der Luft stehend, wirklich das sehen würde, was man auf diesen Bildern gesehen hatte, die man in die Hand nehmen und über die man mit den Fingern fahren konnte.

Man gab ihm bei jeder Gelegenheit die dicken

Bücher mit den Bildern von Florenz. Er vermied es sorgfältig, nach jener sündigen Buchseite zu sehen, auf die seine Gedanken immer wieder zurückkamen: Man hatte gesehen, wie er sie angeschaut hatte. Das war auch der Grund dafür, daß man ihn fortschickte. Andere Bücher enthielten Bilder auf kartoniertem Papier, das von einem dünnen Blatt Seidenpapier bedeckt war. Waren es Personen, Porträts, aus der Nähe gesehene Gesichter, wurde sein Blick blind, dann sah er nur noch eine ganz schwarze Fläche, aus der flache Flecken emportauchten. Doch wenn da Himmel, Städte, Ebenen waren, dann bedeutete das die künftige Reise, man überschlug die Entfernungen des Bildes, ein tief indigoblaues Unwetter tobte über dem Meer und ganz fern am Horizont stand ein gelber Leuchtturm, ruhig vor den Blick der Gestrandeten. Die großen Segelschiffe neigten sich unter den Wolken. Das Auge blieb gefesselt an diesen stillen Einzelheiten haften, an diesen Rahen, diesen Ufern, an denen nichts geschah, so, als berge jede Katastrophe ihren Augenblick der Ruhe und des Friedens in sich.

Manche der in diesen Büchern reproduzierten Gemälde stellten Schlachten in Winterwäldern dar, durch die sehr breite, unregelmäßige Wege führten, in denen die Sandwindungen sich in der Heide verloren und Birken sich über den Horizont schoben. Am Wegrand lagen Soldaten in blauer Uniform, es waren Tote und man wunderte sich, daß sie angezogen waren, und aus dem Hintergrund des Bildes tauchten Reiter in roter Uniform auf.

Von nun an war er in Erwartung aller dieser Landschaften, durch die er kommen würde und von denen er nichts wußte, Landschaften, die es schon irgendwo gab, Städte mit ihren Häusern, ihren Bürgersteigen und den Leuten, die dort lebten, außerhalb von ihm existierten, ohne daß er es wußte. Überall diese unvermuteten Orte, diese Glockentürme, diese Schatten, diese Abhänge und diese Flüsse. Manchmal waren es, aus der Nähe gesehen, Türme in diesen unbekannten Ländern, sie standen da, Stein an Stein, auf weiten Plätzen. Manchmal gab es sogar welche, auf die man oben kleine Häuser gebaut hatte, die sich in nichts von den Häusern auf dem Boden unterschieden, man konnte hineingehen oder die Läden schließen. Man wohnte hier wie anderswo, doch sobald man aus dem Haus ging, schlug einem der Wind ins Gesicht, der Horizont war so fern, daß der Blick, um dorthin zu gelangen, den großen Flußströmungen oder den Baumlinien folgen mußte. Am Ende lag vielleicht die heimatliche Landschaft.

Doch er nahm sich immer wieder die Seite vor, auf der man Florenz sah: Er hatte einen Brieföffner im Buch liegen lassen, um den ganzen Pack der Seiten auf einmal aufschlagen zu können; er vermochte einfach nicht zu glauben, daß er das sehen würde: dieses lange Dach aus roten Ziegeln zwischen der Kuppel und dem viereckigen Turm. Er hatte sich nie wieder das andere Bild im selben Buch angeschaut, denn vielleicht wurde er deswegen bestraft.

Wenn er nicht achtgab, überraschte ihn der Gedanke an die Abreise, als ob sich eine abgrundtiefe Leere in ihm öffnete. Er ging nicht mehr in die Schule! Es lohnte nicht mehr! Wollte man ihm Zeit lassen, sich alles noch einmal genau anzusehen, bevor er fortmußte? Es war, als müsse er alle Wege noch einmal zurücklegen, über die er voller Angst, zu spät zur Schule zu kommen oder von einem älteren Schüler verfolgt zu werden, gelaufen war. Er hatte alle Orte stets wie durch eine Lupe gesehen: Etwas würde immer geschehen. Er hatte noch nie die Zeit gehabt, alles zu erforschen, was es zu sehen gab und jetzt, wo er keine Zeit mehr hatte, hatte er Zeit im Übermaß.

Um ihn herum sprach man von Ereignissen, die er nicht erleben würde und ein lauter Schluchzer zerschnitt ihm plötzlich die Brust: Im Juni würde der Wind über die Bäume im Garten wehen, als wäre er noch da; nichts hätte sich verändert, alles wäre noch wie zuvor, seine Schluchzer kamen, ohne daß er darauf gefaßt war, wenn plötzlich die Sonne durchbrach, wenn eine Wolke hinter den Zweigen stand, an der Biegung eines Pfades. Auch Stimmen, die er nicht mehr hören würde, würden sich weiterhin zurufen, und auch die Züge in der

Ferne, im Sommer, die lange Tonlinie unterm Mond, würde er nicht mehr hören.

Er hatte versprochen, sich nicht vom Haus zu entfernen, und man hatte ihm, möglicherweise, um ihn zu trösten, ein Fahrrad geschenkt, man hatte vergessen, daß er fortging. Es stand im Wohnzimmer am Geburtstagstisch, auf dem ein weißes Tischtuch lag, als würde man gleich daran essen: Die Geschenke waren so angeordnet, daß viel Platz dazwischen blieb, um den Anschein zu erwecken, als seien es viele. Im Eßzimmer hatte man seinen Platz mit einer Blumengirlande umwunden und auf der Torte waren Kerzen. Alles war schon wie das nächste Mal.

Das Fahrrad. Ein Gegenstand von draußen auf einem Teppich, an einen Tisch gelehnt. Die Lenkstange zeigte zur Wand, die beiden Griffe standen rund und rot ab, mit einem kleinen Loch in der Mitte. Seine Knie zitterten vor Freude, als er den Gepäckträger mit federnden Klemmen sah, der einem beim Fahren überall hin folgte. Das schwarze Schutzblech mit den grünen Streifen hatte einen Rückstrahler. Er hatte so sehr davon geträumt: diese roten, leuchtenden Vierecke: das hinter sich zu haben, was die Autos am Heck haben. Sein Fahrrad hatte auch einen Dynamo, den man mit einem kleinen Schubriegel gegen den Reifen schwenken konnte und der einen richtigen Scheinwerfer zum Leuchten brachte. Dieses Fahrrad im Haus, vielleicht konnte man damit von Zimmer zu Zimmer fahren! Hatte man nicht auch eine Schaukel zwischen zwei Türen angebracht? An Regentagen wurde im Haus geschaukelt.

Er probierte sein Fahrrad noch am selben Tag aus: Er fuhr an alle Plätze und Stellen im Dorf, die er kannte, überrascht darüber, sich so hoch überm Boden zu sehen. Er erinnerte sich nicht mehr daran, daß er weg mußte, er ließ diesen Gedanken gar nicht an sich herankommen, er radelte so schnell er konnte und sperrte den Mund auf.

Als die Nacht schon hereingebrochen war, während in der Ferne Lichtschimmer noch den Himmel durchschnitten, ließ er seinen Dynamo sich drehen und schuf so vor sich einen Halbkreis blassen, weißen Lichts. Manchmal stellte er sein Fahrrad neben sich und blieb reglos stehen, um die Gegenwart des Fahrrads zu spüren. Er stellte es auf den Sattel und drehte mit der Hand das Pedal, um das vom Dynamo erzeugte Lichtbündel zu bewundern.

Auch am hellen Tag fuhr er weiter als sonst, der Weg führte in so ausgedehnte Lichtungen, daß sie schon der Waldrand zu sein schienen. Das Rispengras legte sich hier in Wellen flach, je nachdem, wie der Wind einfiel, und der schnurgerade Pfad ging mitten hindurch. Das Unwetter hatte auf beiden Seiten Buchen umgestürzt, die Stämme waren zersägt und weggeschafft worden, es blieben nur noch die großen, dunkelbraunen Scheiben der ausgerissenen Baumstümpfe zurück, große Räder, aus denen die verkrampften Gebärden der Wurzeln herausragten. In der geschlossenen, durch das Wachsen der Bäume fast zubetonierten Erde steckten noch Feuersteine, kleine, flache Kiesel, die kein Licht mehr gesehen hatten seit der Baum über ihnen hochgewachsen war: man konnte auf diese Weise mit dem Finger berühren, was den Blicken vielleicht seit Jahrhunderten verborgen geblieben war.

Der Garten schien bei der Rückkehr von diesen Radtouren, nach den Landschaften, durch die man gekommen war, verschoben zu sein; der kleine Hügel in der Mitte, wohin im Sommer die Gartenstühle gebracht wurden, lag plötzlich höher, vom Rest abgelöst. Auf dem Hang des kleinen Hügels, der auf der anderen Seite nach Westen ging, war der Pflanzenwuchs trotz des Schattens dichter, das Gras wuchs in einem sich samtig anfühlenden Moos. Hier und da fanden sich große Steine. Sie waren vor sehr langer Zeit hierher gekommen, hatte man ihm erzählt, mit riesigen Gletschern, die damals ganz Norddeutschland bedeckt hatten und nach oben schauend, stellte er sich ihre Höhe vor und den Himmel über ihnen.

Diese Findlinge, die nicht allzu schwer waren, drehte er um und stellte sich dabei vor, wie das Unwetter die Buchen entwurzelte: ausgeschnitten, wie abgehackt von einem Spaten, wiederholte sich ihre Form in der vertieften, eingedrückten, glatten Erde, durchsetzt von weißen Haaren und sich öffnenden Löchern. Vielleicht konnte man hineinkriechen und sich darin verstecken, zu großen Wiesen voller Sonne gelangen, aus denen man nicht fortmußte. Die schwarze, schwere Erde war die gleiche wie die der ausgerissenen Stümpfe. Insekten wimmelten mit plötzlicher Geschwindikgeit darin herum, aufgescheucht von der frischen Luft, sie hatten winzige Beine wie gemachte Gegenstände: das Grauen setzte an den Schultern ein, kroch am Rückgrat hoch.

Und an diesem Morgen zeichnete die Sonne lange Schatten, die in die umgekehrte Richtung gingen wie am Abend; er war an seiner Schule vorbeigefahren, in die er nicht mehr ging: Durch das Fenster sah er den oberen Teil der Köpfe seiner Klassenkameraden: Er wußte genau, was sie sahen, den hellen Innenraum und die, die hinten saßen, die drei großen Fenster, die Gärten und die Ferne, die sich dort abhob. Und er sah gleichzeitig, Backstein um Backstein, langgezogen in der Stille, das Gebäude, das sie enthielt.

Er fuhr zur Bille hinunter. Der sehr schmale Pfad zeichnete einen schwarzen Strich in das senkrechte Grün. An einer Neigung des Abhangs entdeckte er die Turnhalle. Ringsum, auf dem Hang, wuchsen große Sonnen, deren Köpfe alle in verschiedene

Richtungen gewandt waren, über sich selbst gebeugt, umgeben von grünen Blättern. Trotz ihrer Größe waren es Blumen. Die grünen, gerippten Stiele durchschnitten in parallelen Strichen die dunkle Fläche der tieferliegenden Turnhalle.

Wenn man sie so sah, menschenleer, schien die Turnhalle, obgleich er sie sofort wiedererkannte, ihre Maße verändert zu haben: still stand sie da, enthielt nur die Leere ihrer Form. Unter den Seilen und Ringen, die an der Wand entlang hingen, stand, wegen des besseren Halts auf vier gespreizten, gußeisernen Beinen, das Pferd; der glatte Körper, das glänzende Oberteil, ging über in die Seiten; in Erwartung des Sprungs in sich selber erstarrt. In der Mitte hatte das Gewicht der Hände das Leder leicht eingedrückt. Vielleicht war er dabei ertappt worden, wie er die großen Schüler beobachtete, wenn sie, mit heruntergezogenen Hosen auf dem Pferd liegend, bestraft wurden. Mußte er deshalb fort?

Hatte er nicht, kurz bevor das Foto der Dame kam, dem Vater angeboten, Modell für ihn zu stehen? Tagelang hatte er sich nackt in einem geheizten Zimmer stehen sehen, steif, unbeweglich, nur auf einen einzigen Gedanken konzentriert, der ihn nicht mehr losließ: sich nicht bewegen, in derselben, die Zeit anhaltenden Stellung verharren. Später hätte er dann das Bild betrachtet und er hätte seine eigenen Formen gesehen, sogar das Weiß seiner seltsamerweise vor ihm ausgestellten Haut.

Aber der Vater hatte verlegen abgewunken, er wandte den Blick ab, tat so, als sähe er durchs Fenster und führte ihn an der Hand in ein anderes Zimmer. Dabei hatte er nur gesagt, daß er den nackten Mann ersetzen wolle, der nicht mehr kam.

In einiger Entfernung schon von der Turnhalle sah er sich um und betrachtete sie: Ein Stück weiter sah er sich noch einmal um. Vielleicht mußte er die Landschaft auswendig lernen. Er war der, der gehen mußte; vielleicht wußte es bereits das ganze Dorf. Er fuhr überall herum, war sich seiner immer sicherer. Er hatte keine Angst mehr und fiel nicht mehr hin: er mußte viel mit dem neuen Rad fahren, als ob das Quietschen der Pedale und das Geräusch der Reifen auf dem Boden in seinem Gedächtnis so präzise werden würden, daß sie für alle Zeit fortdauerten. Dabei war es grotesk, so auf diesem Metallgegenstand an der Landschaft vorbeizufahren. Er spürte, wie der Sattel unter ihm kochte und er hielt sein Gesicht nach vorn, dem Wind entgegen, über sich hinausragend und untendrunter nach wie vor Körper.

An abgelegenen Stellen, wo niemand war, stieg er manchmal vom Rad und ließ die Finger über den von seinem Körper noch warmen braunen Ledersattel laufen, der sich rund und glatt anfühlte: Nach vorn lief der Sattel spitz zu und nichts zeigte, daß er von seinem Körper bedeckt gewesen war: eine warme Nacht hatte ihn eingehüllt, hatte sich schwer auf ihm niedergelassen, er hatte alle Bewegungen des Körpers über sich gespürt; er, der Sattel, blieb da, auf seine schräg stehende Chromstange montiert: wenn er der Sattel gewesen wäre, hätte er bleiben können: er stellte sich das Geräusch der Landstraße vor, das leichte Knirschen des unter ihm dahinfliehenden Sandes; nach vorn, in Fahrtrichtung, wurde er schmäler und auf seinen Rändern aus glattem Leder hob und senkte sich diese dunkle, geschlossene Wärme um ihn herum: vielleicht konnte man so leben, als Sattel, beschützt vom Körper eines andern.

Er hätte keine Zeit, am Ende der durch die Ebene verlaufenden Landstraße die Vororte aus rotem Backstein, die großen, abfahrbereiten Schiffe mit den verschachtelten, fernblauen Masten und Rahen zu sehen.

Unter ihm wird der Horizont weiter, sein Gesicht brennt, eingehüllt von der kühlen Luft, das Chromrohr kommt aus dem Rahmen hervor und steigt immer schneller. Er legt sich vorn auf die Lenkstange, radelt mit steifen Armen ins Leere hinein. Von unten betrachten ihn die Passanten, der Hintern ist hoch aufgerichtet auf der glänzenden Stange.

Man hatte auf den beiden Dorfplätzen Klettermasten aufgestellt. Die Häuser waren mit gekreuzten Weizengarben geschmückt, in die man Blumen hineingesteckt hatte. An allen Balkonen waren die Fahnenstangen bereit für die schwarzweißroten Hakenkreuzfahnen.

Der glatte Klettermast wurde von unten nach oben immer schmäler. Ganz oben war er mit einem metallenen Strahlenkranz umgeben, der von Verspannungskabeln gehalten wurde. Es hingen Schinken, Trompeten oder Beutel mit Bonbons dran, die sich immer die gleichen Jungen mit den Erwachsenengesichtern herunterholten; sie rutschten ruckweise hinauf, ihre Haut knirschte auf dem Holz. Wenn sie ihn gesehen hätten, hätten sie ihn gezwungen, hinaufzuklettern, sie hätten ihn vor sich hergeschoben und ihn oben an seinem Gürtel aufgehängt, wo er mit schlaffen Gliedern, wie eine Kröte, diese Landschaften, die er nicht mehr sehen würde, von ganz oben herunter hätte betrachten können.

X

Zu diesem letzten Tag kehrt alles unaufhörlich zurück: wie eine brennende Lampe in einem dunklen Raum ist dieser letzte Tag, ein dumpfes Atmen, das man irgendwo hört. Dieser letzte Tag, ohne Dauer, hat noch nicht aufgehört: ein Morgen, über dem alle Morgen aufgehen. Tag ohne Schrecken, doch von solcher Deutlichkeit, daß Licht, Zeit, Geruch und Lärm wachbleiben, gegenwärtig unter den alltäglichen Gerüchen, Lichtern und Geräuschen.

An diesem Tag nun, einem Frühlingstag, an dem die Wolken rasch von links nach rechts zur Einmündung der Chaussee ziehen, sieht man zum erstenmal, was man so oft gesehen hatte: an der Einfahrt zum Autobahnzubringer hört das Pflaster auf und der Boden wird glatt, die Beschleunigung bemächtigt sich schon im voraus des Körpers des Fahrers. Hier ist eine Ampel, die länger eingestellt ist als die andern, und vor der die haltenden Autos sich bereits auf die Geschwindigkeit einzustellen scheinen. An diesem letzten Haltepunkt stehen fast immer die jungen Anhalter. Man bemerkt sie, ohne sie zu sehen. Doch eines Tages ist der Blick gezwungen, auf sie zurückzukommen.

Das Warten auf Grün erlaubt den Augen, die je nach Wetter verschiedenen Wolken zu speichern, alle gesehenen Bilder, ohne es zu wissen, übereinander zu stapeln. Der Blick zerlegt zum ersten Mal, was er sieht. Man könnte meinen, ein unaufhörlich wiederholtes Foto desselben Gegenstands. Sie halten von unten das Pappschild in den Fingern, auf dem der Name der Stadt steht, in die sie wollen. Einige von ihnen haben ein Loch durch den Karton gebohrt und ihn an einem Seil um den Hals gehängt, doch sie halten den Karton trotzdem von unten fest. Sie tun ein wenig so, als ginge sie das nichts an. Und plötzlich weiß man – man hatte es immer gewußt – daß sie es genauso machen wie der Jude. Der Jude auf dem Naziplakat, das er Jahre später abgebildet gesehen hatte und das ihm alles erklärt hatte: ein Jude im Anzug mit Fliege: er hat abstehende Ohren und ist um einen Kopf kleiner als die junge Frau, die neben ihm steht. In der einen Hand trägt er seinen Hut – vielleicht glaubt er, daß er ihn nachher wieder aufsetzen kann – mit der andern hält er die Ecke des Schildes, das man ihm um den Hals gehängt hat, damit es gerader hängt und lesbarer sei. Seine zu breite und zu hochgezogene Hose bildet auf jeder Seite zwei Falten, die oben, hinter dem Schild, verschwinden.

Neben ihm steht eine junge Frau mit ziemlich breitem Gesicht – ein Gesicht, an das man sich vielleicht nie erinnert hätte – sie trägt einen Hut mit

Schleifen, der etwas schief auf dem Ohr sitzt. Ihre schwarzweißen Riemenschuhe, die über den Knöchel geknotet sind, haben ihr gefallen. Sie hat sie schön gefunden und sie noch am Morgen betrachtet, als sie sie zuband. Sie hält sich ein wenig nach links geneigt und sieht, im Gegensatz zum Juden, den Fotografen nicht an. Auch sie trägt ein Schild um den Hals: Die beiden Ösen der dünnen Schnur sind ganz deutlich zu sehen. Sie stehen auf der Fahrbahn, um sie herum posieren SA-Leute, die sichtlich stolz auf sich sind; die Sonne fällt von hinten ins Bild, auf dem Bürgersteig wechseln die Zeichnungen des Schattens und des Lichts miteinander ab, es ist die Straße, wie sie jeden Tag ist. Die Texte auf der Brust des Mannes und auf der Brust der Frau sind von jemand, der sicherlich eine gute Schulbildung genossen hat, mit der Hand sorgfältig in Schönschrift geschrieben. Die Abstände zwischen den Buchstaben sind gleichmäßig, die Schrift deutlich: man hat sich Mühe gegeben, so lesbar wie möglich zu schreiben:

ICH NEHM' ALS JUDENJUNGE
IMMER
NUR DEUTSCHE MÄDCHEN
MIT AUFS ZIMMER

Auf dem Schild der Frau konnte man lesen:

ICH BIN AM ORT
DAS GRÖSSTE SCHWEIN
UND LASS MICH NUR
MIT JUDEN EIN

Das Auge kann diese Finger unter dem Schild oder am Kleid herabhängend nie mehr vergessen: zwei Menschen haben Angst, und das Foto zeigt nur zwei Körper, von denen der eine mit den Fingern das Schild um seinen Hals festhält: die Angst sieht man nicht, sie ist unsichtbar. Auf diese Weise ist also auch er schuldig. Er hatte es immer gewußt: er mußte das Elternhaus verlassen wegen eines Vergehens, dessen er sich nicht schuldig gemacht hatte, wegen eines künftigen Vergehens, das in ihm war, und dessentwegen man ihn sechs oder sieben Jahre später bestrafen würde; mit den Händen auf den Boden schlagend, seine Kleider über den Knöcheln verwickelt, würde er heulen, vom Feuer des Schmerzes durchbohrt, den um ihn herumstehenden Zuschauern ausgeliefert, die ihm genügend Platz ließen, damit er vor Schmerz um sich treten, mit dem Kopf auf den Boden hämmern konnte aus lauter Verzweiflung, er selber zu sein, von neuem vorgenommen, von neuem bestraft, atemlos, mit weit geöffnetem, nach Luft schnappendem Mund, seinen Haß umkehrend und den Tod der verschollenen Eltern wünschend, während er mit den Fingernägeln den Fußboden zerkratzte. Die Erinnerung durfte nicht zurückkehren, dieser von ferne gekommene Schmerz durfte die Brust nicht noch einmal durchbohren. Da war dieser kleine Tod der Züchtigung in jedem Fall noch besser.

Manchmal tauchte die Sonne zwischen die regenglänzenden Stämme der Tannen. Nach langen Tagen des schlechten Wetters kam es vor, daß ein äußerst klarer Himmel die Entfernungen vervielfachte, der Föhn blies, die Umrisse der Berge zeichneten sich klar und deutlich ab und hinter ihnen, sehr weit weg, begann die Ebene, über der schon Wolken standen: flach und von unten ins Violette spielend. Sehr weit unter der Unendlichkeit der Wolken lag Reinbek. Er hatte gehört, daß sehr viele Leute nach Osten umgesiedelt worden waren, und er stellte sich noch riesigere Ebenen vor, so groß, daß man sich darin für immer verlöre. Die Eltern, dessen war er sich sicher, waren tot, verschlungen, umgepflügt in der Unermeßlichkeit der Felder.

Er hatte Übung bekommen und ließ die Erinnerungen nur noch in kurzen Bildern in sich hochsteigen, die jedoch, damit er überleben konnte, sogleich erlöschen und verschwinden mußten. Nach der Züchtigung, wenn der Körper brannte und die Verzweiflung zu mächtig war, um noch größer zu werden, konnte er die Erinnerung an diese letzten Tage in der Heimat zurückkehren lassen, die sein

Gedächtnis nie verließen: zu wissen, daß er nie wieder mit dieser kleinen, vertrauten Gebärde sein Kinn auf das braune, flache, zugleich rauhe und warme Holz des Geländers legen könnte, daß er nie wieder an den Fingerknöcheln spüren würde, wie die Klemme seines neuen Gepäckträgers Widerstand leistete, daß er nie wieder das Geräusch des Dynamos hören würde.

Irgendwo in ihm selbst, jedoch in unermeßlichen Tiefen, dröhnte seit jenem Tag ein nicht vernehmbares Geheul. Man hatte ihm Gebärden verboten, arm- und beinlos fiel er in eine bodenlose Leere.

Von nun an wäre dieser frühe, schattenlose Morgen auf der Terrasse immer in ihm. Die alltägliche Landschaft: der hohe, graue Himmel vor dem Garten. Im Innern des Hauses rief die Mutter von einem Zimmer zum andern, wie immer, zum letzten Mal. Nichts geschah, er stand da, das Kinn auf dem Geländer, hinter ihm, im Innern des Hauses, Gegenstände, die zu Boden fielen, die üblichen Geräusche, doch ein wenig zeitversetzt, betonter auch, nachdrücklicher, als ob die Gebärden schlecht zurückfielen. Und er stand draußen auf der Terrasse, wo man nicht ganz draußen war. Vor ihm, hinter der Hecke, das rote Dach des Schröderschen Hauses.

Alles würde weitergehen, alles blieb so, wie es war, der Maschendrahtzaun hätte nach wie vor seine Einbuchtung und die grauen Holzlatten ihre

Maserung, die Bäume im Garten, die Landstraße im Hintergrund, das Haus selber. Nichts geschah. Er hatte sogar für diesen Morgen einen Holzstiel bereitgestellt, mit dessen Hilfe er einen der Findlinge, den er noch nicht hochgehoben hatte, wegrücken wollte, damit die Nacht der Erde darunter vom Tag überrascht werde. Das Entsetzen raubte ihm den Atem. Bereits nachher wäre er nicht mehr da. Jetzt wußte er es, man hatte es ihm gesagt: Hitler trachtete dem kleinen Jungen, der er war, nach dem Leben, er mußte ins Ausland: man hatte ihm versprochen, daß das Leben dort glücklich sei, die Eltern würden nachkommen.

Er wußte genau, wo sein Fahrrad im Keller stand, leicht in der Schräge, das rechte Pedal nach oben gerichtet, damit man sofort den Fuß darauf setzen konnte, es enthielt noch seine Bewegungen.

Einen Augenblick lang entfernte er sich vom Geländer, machte einige Schritte auf der Terrasse und kam dann zurück, um wieder das Kinn draufzulegen: er konnte das tun, so oft er wollte, doch er wäre bald nicht mehr da, um es zu tun, und wieder ging der Riß durch ihn hindurch, ein Schluchzer, der ihn zwang, mit der ganzen Kraft seiner Lunge zu atmen. Und das Geländer wäre nach wie vor da, für ihn bereit. Fortgehen war nichts anders: alles blieb, wie es war.

Es genügte, ins Zimmer zurückzugehen, aus dem man gekommen war. Über dem Garten würde immer dieser farblose Lichthof des Morgengrauens stehen, eine Hand, die im schattenlosen Licht auf- und zuging. Das Seltsame war, daß man alle diese Dinge zum letztenmal sah, ohne daß sie es wußten.

Die Fahrt im Vorortzug nach Hamburg, von wo der Schnellzug zuerst nach München und dann nach Florenz abfuhr. Die Landschaft zog wie immer an ihm vorüber, mit dem einzigen Unterschied, man würde sie nicht wiedersehen. Während das flache Land in aufeinanderfolgenden Abschnitten vorüberzog, versuchte er herauszufinden, ob er die heimatliche Landschaft auswendig kannte, um sich noch Landschaften einzuprägen, war es zu spät.

Dann kamen die Aufenthalte an den sehr hohen Bahnsteigen: Stadtbahnhöfe, die über lange Eisentreppen mitten in den Feldern endeten. Schließlich liefen sie alle, vielfältig wie ein Fluß, in einer riesigen Halle zusammen, in der ein gelbes Licht herrschte. Mit schrägem Körper und ausgestrecktem Arm schleppte man ihn von Treppe zu Treppe, man hatte es eilig, und die Mutter war genauso aufgeregt wie wenn sie zum Einkaufen in die Stadt ging.

Der Schnellzug fuhr auf dem letzten Gleis ab, an dem unermeßlich großen, runden Glasbau, auf der stummen Seite des Bahnhofs: man hatte alle Geräusche der Trillerpfeifen, der Dampfstöße der Lokomotiven, der Glöckchen der Gepäckwagen auf einer einzigen Seite: den Rücken dem Innern des Abteils zugewandt, erriet er die Güterzüge, die durch den Bahnhof fuhren.

Und plötzlich setzte sich der Schnellzug langsam in Bewegung, obgleich sich die Breite des Abteils nicht veränderte. Die Eltern standen draußen auf der hellen Fläche des Bahnsteigs nebeneinander. Während der Zug langsam und stoßweise anfuhr, traten sie bis zum anderen Bahnsteigrand zurück, um länger sichtbar zu bleiben. Der Vater trug einen Filzhut mit breitem, schwarzen Band und einen dunklen Mantel, der gerade an ihm herabfiel. Die Mutter griff plötzlich mit beiden Händen nach ihrem Hut, um die Nadel, die ihn festhielt, herauszuziehen, sie nahm ihn ab und drehte den Kopf nach dem Vater um, der das gleiche tat. Sie hatten die Hüte abgenommen, damit das Kind sie ein letztes Mal so sah, wie sie waren. Auf dem Bahnsteig, der vor ihnen ganz schmal wurde, wurden sie immer kleiner. Die dunkelgrüne Wand des Zugs schnitt den Vater als ersten ab, senkrecht, und auf dem äußersten Rand des Bahnsteigs blieb nur noch die Mutter für die Zeit eines Blicks zurück, dann verschwand sie ebenfalls ganz plötzlich. Es gab nur noch den Lärm des Eisenbahnwagens auf den Weichen und das brennende Bedauern, daß er auf der anderen Seite des Zugs nicht noch ein letztesmal die runde Glashalle des vertrauten Bahnhofs hatte sehen können.

Deutsches Nachwort des Verfassers

Seine eigenen Texte übersetzen?

So sehr auch schöpferische Kraft und Phanatasie beim Übersetzen in die Texte des Schriftstellers, den man übersetzt, eingehen sollen, so sehr Strenge, Demut und Genauigkeit gerade das Schöne und Begeisternde an der Übersetzungsarbeit ausmachen, so wenig ist es möglich, solche Augenblicke des Verstehens, der Einfühlung und der Beschwingtheit in der Begegnung mit den eigenen Texten wiederzuerleben. Es wäre bloß Eitelkeit, das Entstehen des eigenen Schreibens nachempfinden zu wollen. Nichts Beschämenderes als der Versuch, noch derjenige sein zu wollen – in der eigenen Dauer –, der man war; man würde nur sich selber nachäffen. Nichts ist lächerlicher, als sich noch einmal erleben zu wollen. Wollte man sich selbst übersetzen, müßte man sich mit der Gewissenhaftigkeit, dem Respekt und der Genauigkeit behandeln, die doch immer entweder nur dem Texte eines anderen zukommen oder einem »Work in Progress«, wo alles erst werden muß.

Es wäre nur Anmaßung, den eigenen Text zu übersetzen, wie man den Text eines anderen übersetzen würde. Anmaßung im doppelten Sinn: Auf der einen Seite stünde man vor dem eigenen Text als einem endgültigen und unantastbaren, denn beim Übersetzen darf weder interpretiert noch verschönert werden; der Text würde in gewisser Weise sakralisiert. Auf der anderen Seite wäre man doch immer versucht, in der Zielsprache einen anderen, einen neuen Text zu schreiben – und entfernte sich mehr und mehr vom Ausgangstext.

Eine Erzählung wie *Ein Garten in Deutschland* hätte in der Muttersprache (das Deutsche) wegen der erlebten Vergangenheit und der Erfahrung der Trennung nicht so entstehen können, wie sie eben im Französischen entstanden ist, ja sie wäre wahrscheinlich gar nicht entstanden. Erst die Übertragung (diesmal im freudschen Sinne des Wortes) in eine Sprache, in welcher die Erinnerung alles erfinden mußte, ohne es erlebt zu haben, machte das Schreiben an diesem Buch möglich.

Hätte der Autor seine Erzählung selbst übersetzt, wäre es gewesen, wie wenn die Geschichte rückgängig gemacht werden könnte, wie wenn man in die Vergangenheit zurückspringen und sie ungeschehen machen könnte. Was das Buch zeigt, ist die unüberwindliche, endgültige Trennung von der Heimat. Die Heimat, die einen verstieß, macht es ihm auch unmöglich, in der Muttersprache von der Heimat zu erzählen. Diese ist nicht mehr geeignet, die eigenen Erinnerungen oder Phantasiegebilde hervorzubringen, insofern sie zur damaligen

Zeit in der Muttersprache entstanden sind; einzig die angelernte zweite Muttersprache (das Französische) erlaubt es, die deutschen Erinnerungen und die deutschen Gebilde der Einbildungskraft wieder aufleben zu lassen.

Dagegen aber läßt sich alles, was sich nach der Emigration in Frankreich an Einfällen, Wahrnehmungen, inneren oder äußeren Begebenheiten und Erinnerungen angesammelt hat, in deutscher Sprache gestalten, weil da die Übertragung in umgekehrter Richtung stattfindet, so wie es in der Erzählung *Landsicht* der Fall ist, die ich genausowenig ins Französische rückzuübersetzen vermag wie *Ein Garten in Deutschland.*

Aus diesem Grund war es wichtig, daß ein anderer – und kein Geringerer als der Übersetzer von Raymond Queneau und Georges Pérec, also jenen Franzosen, die ihre eigene Sprache bis in deren tiefste Wurzeln hinein verstanden haben – diesen Text übersetzt. Nichts war schöner und aufschlußreicher als das Wiedererkennen des eigenen Textes in der Übersetzung von Eugen Helmlé. Ab und zu, das ist aber bei der Übersetzungsarbeit gerade das Erhellende, stieß ich auf Stellen, wo wir verschieden sahen, wo unser inneres Auge anderswo ansetzte, die Landschaft anders überblickte. Da haben wir uns zusammengesetzt, um unser jeweiliges Verstehen zu vergleichen: schöne Augenblicke, wo der Autor nicht immer recht behielt.

Technisch deckten sich unsere Sprachfunde in den meisten Fällen, und wenn nicht, dann nur weil der »andere« ungeschrieben gebliebene deutsche Text plötzlich durchbrach, und zwar genau wie Freud es treffend charakterisiert hat: Der verdrängte, unbewältigte deutsche Text kam nur bruchstückweise und in »Verschiebungen« hindurch, denn, wie schon gesagt, die erlittene Geschichte hat es unmöglich gemacht, sie in deutscher Sprache zu erzählen.

Es gibt ein sprachliches Unbewußtes, welches sich gerade in der Berührung zweier so völlig verschiedener Sprachen wie des Französischen und des Deutschen besonders deutlich zeigt: Wer als Autor zwischen zwei Sprachen sitzt, zeugt im eigenen Schreiben von der ganzen Problematik des Übersetzens: Das sonnenklare Verstehen, im Schweigen der Zielsprache eingemauert, steht da vor ihm – und doch geht es darum, Schreiben ist nichts anderes, einen Ausweg zu finden; dem Übersetzer bleibt es überlassen, das Sehen des Autors in das Wesen der anderen Sprache zu übertragen. Er soll einen Text liefern, in dem sich der Autor zugleich selber erkennen soll und sich selber gegenüber frei bleiben kann. Gerade eine solche distanzierte Arbeit ist Eugen Helmlé vollkommen geglückt.

Übersetzen, diese paar Zeilen sollten es belegen, ist eine schöpferische Tätigkeit, deren Form zwar aufs genaueste vorbestimmt ist und schon vorhanden daliegt, aber trotzdem einer völlig neuen Schöpfung bedarf. Der Übersetzer muß den Text von innen her sehen, so wie ihn der Autor selber sieht; er muß da stehen, wo der Autor steht, den Wald von derselben Seite betreten, dieselben Wege gehen, mit dem Autor am selben Tische sitzen. Das haben wir beide, Eugen Helmlé und ich, gemacht, in einem Café am Boulevard de Sébastopol in Paris; wie haben geklönt, uns über unsere Kindheit unterhalten – und sind Freunde geworden.

Georges-Arthur Goldschmidt